아이가 주인공인 책

아이는 스스로 생각하고 성장합니다.
아이를 존중하고 가능성을 믿을 때
새로운 문제들을 스스로 해결해 나갈 수 있습니다.

〈기적의 학습서〉는 아이가 주인공인 책입니다.
탄탄한 실력을 만드는 체계적인 학습법으로
아이의 공부 자신감을 높여 줍니다.

가능성과 꿈을 응원해 주세요.
아이가 주인공인 분위기를 만들어 주고,
작은 노력과 땀방울에 큰 박수를 보내 주세요.
〈기적의 학습서〉가 자녀 교육에 힘이 되겠습니다.

기적의 영어 문장 트레이닝

주선이 지음

길벗스쿨

저자 **주선이**

영어교육과 스토리텔링을 전공하고, (주)대교와 (주)엔엑스씨(NXC), (주)캐치잇플레이 등에서 근무했다. 다수의 영어 교재를 집필하고 애니메이션 및 모바일 학습 앱 '캐치잇 잉글리시'를 개발했다. 교육과 기술을 결합하는 에듀테크 전문가로 현재 유아용 디지털 교실영어 '플라잉'을 개발 중이다.

대표 저서로는 〈기적의 사이트 워드〉, 〈기적의 영어 문장 만들기〉, 〈기적의 맨처음 영단어〉, 〈기적의 영어 문장 트레이닝〉, 〈초등 영어를 결정하는 파닉스〉, 〈초등 영어를 결정하는 영문법〉, 〈가장 쉬운 초등 영어일기 따라 쓰기〉 등이 있다.

기적의 영어 문장 트레이닝

Miracle Series – Making English Sentences

초판 발행 · 2021년 1월 31일
초판 10쇄 발행 · 2024년 11월 14일

지은이 · 주선이
발행인 · 이종원
발행처 · 길벗스쿨
출판사 등록일 · 2006년 7월 1일 | **주소** · 서울시 마포구 월드컵로 10길 56(서교동)
대표 전화 · 02)332-0931 | **팩스** · 02)323-0586
홈페이지 · www.gilbutschool.co.kr | **이메일** · gilbutschool@gilbut.co.kr

기획 및 책임 편집 · 이경희(natura@gilbut.co.kr) | **본문 디자인** · 장기춘 | **제작** · 손일순
영업마케팅 · 문세연, 박선경, 박다슬 | **웹마케팅** · 박달님, 이재윤, 이지수, 나혜연
영업관리 · 정경화 | **독자지원** · 윤정아

표지디자인 · 윤미주 | **전산편집** · 연디자인 | **삽화** · Duckhead | **영문 감수** · Ryan P. Lagace
인쇄 · 상지사피앤비 | **제본** · 상지사피앤비 | **녹음** · 미디어코리아

ISBN 979-11-6406-315-4 64740 (길벗 도서번호 30493)
　　　979-11-6406-274-4 64740 (세트)

정가 13,000원

독자의 1초를 아껴주는 정성 길벗출판사

길벗 | IT실용서, IT/일반 수험서, IT전문서, 경제실용서, 취미실용서, 건강실용서, 자녀교육서
더퀘스트 | 인문교양서, 비즈니스서
길벗이지톡 | 어학단행본, 어학수험서
길벗스쿨 | 국어학습서, 수학학습서, 유아학습서, 어학학습서, 어린이교양서, 교과서

길벗스쿨 공식 카페 〈기적의 공부방〉 · cafe.naver.com/gilbutschool
인스타그램 / 카카오플러스친구 · @gilbutschool

제 품 명 : 기적의 영어 문장 트레이닝
제조사명 : 길벗스쿨
제조국명 : 대한민국
전화번호 : 02-332-0931
주　소 : 서울시 마포구 월드컵로
　　　　 10길 56 (서교동)
제조년월 : 판권에 별도 표기
사용연령 : 8세 이상
KC마크는 이 제품이 공통안전기준에
적합하였음을 의미합니다.

모든 영어 문장은 5형식으로 통한다!
문법 · 영작에 강해지는 5형식 문장 만들기 연습

'문장을 만든다'는 것은 단어들을 알맞은 자리에 올바른 형태로 넣는다는 것과 같아요. 따라서 단어를 많이 알더라도 문장 어순(단어들의 순서)이나 규칙을 알지 못한다면 의미 있는 문장을 만들기 어려울 뿐더러 문장을 읽고 이해하는 힘도 기르기 어려워져요.

진정한 영어 실력을 키우려면 문장 규칙을 이해하고, 그 규칙에 맞춰 영작 연습을 하는 훈련이 꼭 필요합니다. 자신이 직접 고민하고 써보는 과정이야말로 나의 영어 실력을 높이는 지름길이에요.

이 책을 통해 문장을 완성하는 재미를 느껴 보세요. 다양한 문장을 반복 연습하다 보면 문장 규칙이 저절로 체화되기 때문에 어순을 생각하는 시간이 점차 줄어들고 영작 속도가 빨라지게 됩니다. 5형식까지 훈련을 모두 마친다면 웬만한 영어 문장은 자신 있게 척척 써낼 수 있게 될 거예요.

✦ 문장 만들기 집중 연습!

5가지 문장 형식에 익숙해진다면 어떤 문장이든 자신 있게 만들 수 있는 힘이 생겨요. 눈으로 보고 이해하기보다 직접 손으로 쓰며 연구할 때 학습효과가 더욱 커집니다.

✦ 의미에 맞게 영어문장을 자유자재로 늘리고 변형!

앞 문장에 단어를 더하거나 시제를 바꿔서 문장을 만들도록 설계하였습니다. 학생이 문장의 변화를 눈으로 확인하며 쉽게 영작할 수 있어요.

✦ 영작 훈련을 통해 문법 & 어순 잡기!

다양한 구조의 문장들을 반복 연습하다 보면 자연스레 기초 문법과 문장 어순을 깨치게 됩니다. 나아가, 영어 스피킹 라이팅을 위한 탄탄한 기본기를 쌓게 됩니다.

기본 뼈대 문장에 살을 붙이고 동사의 시제를 바꿔 가며 다양한 문장을 영작하는 확장식 구성입니다. 완성된 앞 문장은 다음 문장의 힌트가 되기 때문에 이를 참고하여 차근차근 생각하면 쉽게 문장 만들기를 할 수 있습니다.

주어(S) 동사(V)

I go.

1. **나는** 학교에 **간다.** **I go** + **to school.**
   ▶ '학교에'라는 장소 표현을 덧붙여요.

2. **나는** 학교에 **갔다.** **I went** + **to school.**
   ▶ '갔다'라고 과거 시제로 바뀌니까 went!

3. **나는** 도서관에 **갈 것이다.** **I will go** + **to the library.**
   ▶ 이번엔 '갈 것이다'라는 미래 시제가 오고, 새로운 장소 표현을 써요.

4. **나는** 일요일에 도서관에 **갈 것이다.** **I will go** + **to the library** + **on Sunday.**
   ▶ 문장 끝에 시간 표현을 덧붙여 써요.

5. **나는** 토요일에 도서관에 **가지 않을 것이다.** **I won't go** + **to the library** + **on Saturday.**
   ▶ 미래 부정문으로 바꾸고, 시간 표현도 살짝 바꿔 써요.

Words 코너 ㅣ 단어가 생각나지 않을 때 참고하세요. 본 페이지에 등장하는 단어를 소개합니다.
Hints 코너 ㅣ 문장 규칙이나 어순에 대한 힌트를 얻을 수 있습니다.

본격적으로 공부하기에 앞서 학습 계획표를 세워 봅시다. 영어는 날마다 조금이라도 꾸준히 학습하는 자세가 중요해요.

매일 꾸준하게 학습할 수 있도록 미리 날짜를 적어서 계획해 보세요. 목표한 분량을 모두 학습했다면 ✔ 표시를 해보세요.

	Day 1	Day 2	Day 3	Day 4	Day 5	Day 6
학습 내용	go ①②③ p.10	come ①②③ p.13	run ①②③ p.16	walk ①②③ p.19	live ①②③ p.22	work ①②③ p.25
계획한 날짜	월 일	월 일	월 일	월 일	월 일	월 일
	Day 7	Day 8	Day 9	Day 10	Day 11	Day 12
학습 내용	be ①②③④ p.28	실전연습 ①②③ p.32	be ①②③ p.38	seem ①②③ p.41	feel ①②③ p.44	look ①②③ p.47
계획한 날짜	월 일	월 일	월 일	월 일	월 일	월 일
	Day 13	Day 14	Day 15	Day 16	Day 17	Day 18
학습 내용	taste ①②③ p.50	smell ①②③ p.53	get ①②③ p.56	become ①②③ p.59	실전연습 ①②③ p.62	have ①②③ p.68
계획한 날짜	월 일	월 일	월 일	월 일	월 일	월 일
	Day 19	Day 20	Day 21	Day 22	Day 23	Day 24
학습 내용	need ①②③ p.71	make ①②③ p.74	hate ①②③ p.77	do ①②③ p.80	enjoy ①②③ p.83	wear ①②③ p.86
계획한 날짜	월 일	월 일	월 일	월 일	월 일	월 일

	Day 25	Day 26	Day 27	Day 28	Day 29	Day 30
학습 내용	buy ①②③ p.89	실전연습 ①②③ p.92	give ①②③ p.98	send ①②③ p.101	tell ①②③ p.104	ask ①②③ p.107
계획한 날짜	월 일	월 일	월 일	월 일	월 일	월 일

	Day 31	Day 32	Day 33	Day 34	Day 35	Day 36
학습 내용	buy ①②③ p.110	bring ①②③ p.113	teach ①②③ p.116	show ①②③ p.119	실전연습 ①②③ p.122	see ①② hear ① p.128
계획한 날짜	월 일	월 일	월 일	월 일	월 일	월 일

	Day 37	Day 38	Day 39	Day 40	Day 41	Day 42
학습 내용	hear ② watch ①② p.131	want ①② ask ① p.134	ask ② tell ①② p.137	make ①②③ p.140	let ①②③ p.143	have ①② help ① p.146
계획한 날짜	월 일	월 일	월 일	월 일	월 일	월 일

	Day 43	Day 44
학습 내용	help ② get ①② p.149	실전연습 ①②③ p.152
계획한 날짜	월 일	월 일

Go for it!

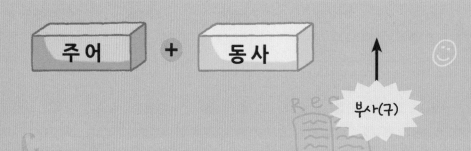

PART 1

1형식 문장 연습

주어 + 동사

↑
부사(구)

* 1형식 문장은 '누가'에 해당하는 **주어**와 '행동하다'에 해당하는 **동사**로 이루어져요.

* 여기에 **부사**나 **부사구**를 덧붙여서 좀 더 구체적인 의미를 전할 수 있어요.

* 장소나 시간, 방법을 나타내는 덩어리 단어들을 **부사구**라고 해요.

* **부사구**는 문장 끝에 오는데, 주로 '장소 + 방법 + 시간' 순서로 와요.
  하지만 강조하려는 부사나 길이가 짧은 부사는 먼저 쓸 수 있어요.
  (작은 장소 + 큰 장소, 짧은 시간 + 긴 시간)

한눈에 보는 **동사 변화**

go

간다	go
	goes
갔다	_____
갈 것이다	will go

come

온다	come
	_____
왔다	came
올 것이다	will come

주어가 He/She일 때의
동사 변화를 적어 봐!

run

달린다	run
	runs
달렸다	_____
달릴 것이다	will run

walk

걷는다	walk
	walks
걸었다	walked
걸을 것이다	_____

live

산다	live
	_____
살았다	lived
살 것이다	will live

work

일한다	work
	works
일했다	_____
일할 것이다	will work

be

~가 있다	There is (단수일 때)
	There _____ (복수일 때)
~가 있었다	There _____ (단수일 때)
	There were (복수일 때)

주어(S)   동사(V)

I go. 나는 간다.

001 나는 학교에 **간다(다닌다)**.

_____

002 나는 학교에 **다니지 않는다.**

_____

003 나는 학교에 **갔다.**

_____

004 나는 걸어서 학교에 **갔다.**

_____

005 **우리는** 어제 학교에 **갔다.**

_____

006 **우리는** 어제 도서관에 **가지 않았다.**

_____

007 **우리는** 내일 도서관에 **갈 것이다.**

_____

Hints

▶ 반복되는 일상적인 행동은 현재 시제로 써요.

▶ go의 부정은 don't go예요.

▶ '갔다'는 과거의 일이니까 go의 과거형 went를 써요.

▶ 동사 뒤에 오는 부사구는 '장소 + 방법'의 순서로 써요! (학교에 + 걸어서)

▶ '장소 + 시간'의 순서로 써요! (학교에 + 어제)

▶ 과거 일의 부정은 did not을 줄인 didn't를 이용해요.

▶ 미래의 일을 말할 때는 동사 앞에 will을 써요.

Words to school 학교에 ┊ to the library 도서관에 ┊ on foot 걸어서 ┊ yesterday 어제 ┊ tomorrow 내일

주어(S)   동사(V)

He goes. 그는 간다.

Hints

008 그는 교회에 **간다(다닌다).**

_____

▶ 주어가 He, She, It일 때 go의 형태는 goes로 바뀌어요.

009 그는 일요일에 교회에 **간다.**

_____

▶ '~요일에'는 'on + 요일'로 표현해요.

010 그는 토요일에 교회에 **가지 않는다.**

_____

▶ goes의 부정은 doesn't go예요. doesn't goes로 쓰면 안 돼요.

011 그는 밖에 **나갔다(외출했다).**

_____

▶ go out은 '외출하다'란 뜻이예요.

012 그녀는 차를 타고 **외출했다.**

_____

▶ '장소 + 방법'의 순서로 써요. (밖에 + 차를 타고)

013 그녀는 금요일에 차를 타고 **외출했다.**

_____

▶ '장소 + 방법 + 시간'의 순서예요. (밖에 + 차를 타고 + 금요일에)

014 그녀는 토요일에는 **외출하지 않을 것이다.**

_____

▶ 미래의 일을 부정할 때는 will not 또는 won't를 써요.

Words on Sunday 일요일에 | on Saturday 토요일에 | on Friday 금요일에 | to church 교회에 | out 밖에
by car 차를 타고

주어(S)   동사(V)

They went. 그들은 갔다.

---

015 그들은 직장에 **갔다(출근했다)**.

_____

016 그들은 월요일에 **출근했다**.

_____

▶ '장소 + 시간'의 순서로 써요.
(직장에 + 월요일에)

017 그들은 월요일에 택시를 타고 **출근했다**.

_____

▶ '장소 + 방법 + 시간'의 순서
예요. (직장에 + 택시를 타고
+ 월요일에)

018 그들은 일요일에 **출근하니?**

_____

019 그들은 일요일에 **출근하지 않는다**.

_____

▶ 주어가 '그들'이고 평소에 하는
일을 물으니까 'Do + 주어 +
동사원형 ~?'으로 표현해요.

020 그들은 외국에 **갈 것이다**.

_____

021 그들은 다음 주에 외국에 **갈 거니?**

_____

▶ 미래의 일을 물을 때는 'Will +
주어 + 동사원형 ~?'으로 표현
해요.

Words   **to work** 직장에 | **abroad** 외국에 | **on Sunday** 일요일에 | **next week** 다음 주에 | **on Monday** 월요일에
  by taxi 택시를 타고

주어(S)　　　　동사(V)

You come. 너는 온다.

022　너는 여기에 **올 거니?**

_____

023　너는 여기에 **돌아올 거니?**

_____

024　너는 곧 **돌아올 거니?**

_____

025　너는 내 생일 파티에 **올 거야?**

_____

026　그는 도서관에 **오지 않았다.**

_____

027　그는 수요일에는 도서관에 **오지 않는다.**

_____

028　그는 수요일에 버스를 타고 도서관에 **왔다.**

_____

Hints

▶ Will you ~?로 시작하는 의문문이에요.

▶ back(뒤로)이 come 뒤에 붙으면 '돌아오다'란 뜻이 돼요. come back(돌아오다)

▶ 시간 부사 soon을 문장 맨 뒤에 붙여요.

▶ 과거의 일이고 부정문이므로 didn't come을 써요.

▶ 현재시제의 부정문이니까 doesn't come.

▶ 부사구는 '장소 + 방법 + 시간'의 순서로 써요. (도서관에 + 버스를 타고 + 수요일에)

Words back 뒤로 ┆ by bus 버스를 타고 ┆ to my birthday party 내 생일 파티에 ┆ to the library 도서관에 ┆ here 여기에
on Wednesday 수요일에 ┆ soon 곧

주어(S)   동사(V)

She will come. 그녀는 올 것이다.

Hints

029 그녀는 월요일에 **올 것이다.**

_____

▶ '~요일에'는 'on + 요일'로
   표현해요.

030 그녀는 여기에 **오지 않을 것이다.**

_____

▶ 미래 일의 부정은 'won't +
   동사원형'이에요.

031 그녀는 월요일에 여기 **오지 않았다.**

_____

▶ 과거 일의 부정은 didn't를 써
   요. 그리고 동사 뒤에 오는 부사구
   는 '장소 + 시간'의 순서로 써요.
   (여기에 + 월요일에)

032 그는 오늘 **안 왔다.**

_____

033 그는 오늘 학교에 **안 왔다.**

_____

034 그는 오늘 걸어서 여기에 **왔다.**

_____

▶ '장소 + 방법 + 시간'의 순서예
   요. (여기에 + 걸어서 + 오늘)

035 그들은 오늘 걸어서 여기에 **왔니?**

_____

▶ 과거의 일을 물을 때는 'Did +
   주어 + 동사원형 ~?'의 순서로
   써요.

Words to school 학교에 ｜ on Monday 월요일에 ｜ today 오늘 ｜ on foot 걸어서

주어(S)   동사(V)

They came. 그들은 왔다.

Hints

036 그들은 함께 **왔다.**

_____

037 그들은 어제 함께 **왔다.**

_____

▶ '방법 + 시간'의 순서로 써요.
(함께 + 어제)

038 그들은 어제 함께 **왔니?**

_____

039 그들은 늦게 **올 것이다.**

_____

▶ 미래의 일을 말할 때는 'will
+ 동사원형'이에요.

040 그들은 내일 늦게 **올 거니?**

_____

▶ 시간 표현이 두 가지일 때에는
'짧은 시간(늦게) + 긴 시간
(내일)'의 순서로 써요.

041 그들은 내일 동물원에 **올 것이다.**

_____

042 그들이 내일 기차를 타고 동물원에 **올까?**

_____

▶ '장소 + 방법 + 시간'의 순서
로 써요. (동물원에 + 기차를
타고 + 내일)

---

 together 함께 ┃ **late** 늦게 ┃ **tomorrow** 내일 ┃ **yesterday** 어제 ┃ **to the zoo** 동물원에
by train 기차를 타고

주어(S)   동사(V)

I run. 나는 달린다.

043 **나는** 아침마다 **달린다.**

_____

044 **나는** 아침마다 학교까지 **달린다.**

_____

045 **나는** 아침에 학교까지 **달렸다.**

_____

046 **나는** 아침에 강을 따라 **달렸다.**

_____

047 **나는** 저녁에 강을 따라 **달리지 않았다.**

_____

048 **우리는** 마라톤에서 함께 **달릴 것이다.**

_____

049 **우리는** 매일 저녁에 함께 **달리지 않을 것이다.**

_____

Hints

▶ '장소 + 시간'의 순서로 써요.
(학교까지 + 아침마다)

▶ '달렸다'니까 run의 과거형 ran을 써요.

▶ '~을 따라서'는 전치사 along으로 표현해요.

▶ 과거의 부정은 didn't + 동사원형.

▶ 짧은 부사를 먼저, 긴 부사구는 뒤에 써요.
(함께 + 마라톤에서)

▶ 미래의 부정은 'won't + 동사원형'이에요.

Words every morning 아침마다 ┃ in the morning 아침에 ┃ in the evening 저녁에 ┃ every evening 매일 저녁
to school 학교까지 ┃ along the river 강을 따라 ┃ together 함께 ┃ in the marathon 마라톤에서

주어(S)   동사(V)

He runs. 그는 달린다.

050 그는 빨리 **뛴다.**

_____

051 그는 빨리 **뛰니?**

_____

052 그는 거리에서 빨리 **뛰지 않는다.**

_____

053 그는 복도에서 **뛰지 않는다.**

_____

054 그는 어제 복도에서 **뛰지 않았다.**

_____

055 그는 어제 운동장에서 **뛰었다.**

_____

056 그는 혼자 운동장에서 **뛰었니?**

_____

Hints

▶ 주어 He의 평소 습관이나 행동을 물어볼 때는 'Does + 주어 + 동사원형 ~?'으로 표현해요.

▶ 짧은 부사 먼저, 긴 부사구를 뒤에 써요. (빨리 + 거리에서)

▶ '~에서'라고 장소를 나타낼 때는 'in + 장소'로 표현해요.

▶ '장소 + 시간'의 순서예요. (복도에서 + 어제)

▶ 과거의 일은 'Did + 주어 + 동사원형 ~?'으로 물어요.

Words fast 빨리 ⦙ alone 혼자 ⦙ yesterday 어제 ⦙ in the hallway 복도에서 ⦙ in the street 거리에서
in the playground 운동장에서

주어(S)   동사(V)

We will run. 우리는 달릴 것이다.

Hints

057 우리는 다시 **달릴 것이다.**

_____

058 우리는 버스 정류장까지 다시 **달려갈 것이다.**

_____

▶ 짧은 부사를 먼저 쓰고, 긴 부사구는 뒤에 써요.
(다시 + 버스 정류장까지)

059 우리는 버스 정류장까지 빨리 **달려갔다.**

_____

▶ 이번에는 '빨리'를 강조하여 '방법 + 장소'의 순서로 써요.
(빨리 + 버스 정류장까지)

060 그들은 화장실까지 빨리 **달려갔다.**

_____

061 그들은 일요일에 체육관까지 **달려갔다.**

_____

▶ '장소 + 시간'의 순서로 써요.
(체육관까지 + 일요일에)

062 그들은 내일 체육관까지 **달릴 것이다.**

_____

▶ 미래의 일은 'will + 동사원형 ~'으로 나타내요.

063 그들은 내일 마라톤에서 **달릴 거니?**

_____

▶ 미래의 일을 물을 때는 'Will + 주어 + 동사원형 ~?'으로 표현해요.

Words **again** 다시 ┆ **tomorrow** 내일 ┆ **in the marathon** 마라톤에서 ┆ **to the bus station** 버스 정류장까지
to the bathroom 화장실까지 ┆ **to the gym** 체육관까지 ┆ **fast** 빨리

주어(S)　　　동사(V)

We walk. 우리는 걷는다.

064　**우리는** 매일 **걷는다.**

065　**우리는** 학교까지 매일 **걸어가지 않는다.**

▶ 주어가 We일 때 현재를 부정하는 문장에는 don't를 써요.

066　**우리는** 어제 학교까지 **걸어갔다.**

▶ '걸어갔다'니까 과거형 walked를 쓰세요.

067　**나는** 어제 혼자 학교까지 **걸어갔다.**

▶ '장소 + 방법 + 시간'의 순서예요. (학교까지 + 혼자 + 어제)

068　**나는** 혼자 해변을 따라 **걸었다.**

▶ '혼자'를 강조하여 '방법 + 장소'의 순서로 쓰세요. (혼자 + 해변을 따라)

069　**너는** 매일 밤 해변을 따라 **걷니?**

▶ 상대방에게 평소에 하는 일이나 습관을 물어볼 때는 Do you + 동사원형 ~?

070　**나는** 밤에는 혼자 **걷지 않는다.**

▶ '방법 + 시간'의 순서로 써요. (혼자 + 밤에)

every day 매일 ｜ **every night** 매일 밤 ｜ **yesterday** 어제 ｜ **at night** 밤에 ｜ **alone** 혼자, 홀로
to school 학교까지 ｜ **along the beach** 해변을 따라

주어(S)　　　동사(V)

She walks. 그녀는 걷는다.

Hints

071 그녀는 회사까지 **걸어간다.**

_____

072 그녀는 오늘 아침에 회사까지 **걸어갔다.**

_____

▶ '오늘 오후, 오늘 아침'의 '오늘'은 today가 아니라 this로 표현해요.

073 그녀는 오늘 아침에 일찍 회사까지 **걸어갔다.**

_____

▶ '장소 + 시간 + 시간'의 순서예요. (회사까지 + 일찍 + 오늘 아침에)

074 그는 오늘 아침에 빨리 **걸었다.**

_____

▶ '방법 + 시간'의 순서예요. (빨리 + 오늘 아침에)

075 그는 공원까지 빨리 **걸어갔다.**

_____

▶ 방법 부사 '빨리'를 강조하여 동사 바로 뒤에 써요.

076 그는 공원까지 천천히 **걸어갈 것이다.**

_____

077 너는 오늘 오후에 공원까지 **걸어갈 거니?**

_____

▶ 미래의 일은 'Will + 주어 + 동사원형 ~?'으로 물어요.

Words to work 회사까지 ｜ to the park 공원까지 ｜ slowly 천천히 ｜ fast 빨리, 빠르게 ｜ early 일찍
this afternoon 오늘 오후에 ｜ this morning 오늘 아침에

주어(S)　　　　　동사(V)

They walked. 그들은 걸었다.

078 그들은 위층으로 **걸어갔다.**

_____

079 그들은 곧 위층으로 **걸어갈 것이다.**

_____

▶ '장소 + 시간'의 순서로 써요.
(위층으로 + 곧)

080 그들은 매일 아침 빠르게 **걷는다.**

_____

▶ '방법 + 시간'의 순서로 써요.
(빠르게 + 매일 아침)

081 그들은 매일 함께 **걷지 않을 것이다.**

_____

▶ 미래의 일을 부정할 때는
'won't + 동사원형'으로 써요.

082 그들은 강을 따라 빠르게 **걷는다.**

_____

▶ '빠르게'를 강조하여 '방법 +
장소'의 순서로 써요.
(빠르게 + 강을 따라)

083 그들은 어젯밤에 강을 따라 **걸었니?**

_____

▶ 과거 의문문이므로 Did they
~?로 시작해요.

084 그들은 어젯밤에 함께 **걷지 않았다.**

_____

▶ 과거를 부정할 때는 'didn't
+ 동사원형'으로 써요.

Words upstairs 위층으로 | along the river 강을 따라 | soon 곧 | every day 매일 | every morning 매일 아침
last night 어젯밤에 | together 함께

주어(S)   동사(V)

I live. 나는 산다.

085 **나는** 근처에 **산다.**

_____

086 **나는** 근처에서 부모님과 함께 **산다.**

_____

▶ '장소(근처에서) + 방법(부모님과 함께)'의 순서이며, '~와 함께'는 전치사 with를 써요.

087 **너는** 부모님과 함께 **사니?**

_____

▶ 상대방에게 현재의 일은 'Do + 주어 + 동사원형 ~?'으로 물어요.

088 **너는** 근처에서 혼자 **사니?**

_____

▶ '혼자'를 강조하여 방법(혼자)을 먼저, 장소(근처에서)를 뒤에 써요.

089 **당신은** 시골에서 혼자 **사세요?**

_____

▶ 장소를 말할 때 쓰는 전치사 in을 이용하세요.

090 **너는** 부모님과 시골에서 **살 거니?**

_____

▶ 미래의 일은 'Will + 주어 + 동사원형 ~?'으로 물어요.

091 **나는** 시골에서 내 친구들과 **살 것이다.**

_____

▶ 미래에 할 일은 'will + 동사원형'이고, 부사구는 '장소(시골에서) + 방법(내 친구들과)'의 순서로 써요.

Words **nearby** 근처에서 ｜ **in the country** 시골에서 ｜ **alone** 혼자 ｜ **with your parents** 너의 부모님과
with my friends 내 친구들과 ｜ **with my parents** 나의 부모님과

주어(S)　　　동사(V)

He lives. 그는 산다.

092　그는 한국에서 **산다**.

_____

093　그는 한국 어딘가에서 **산다**.

_____

▶ '좁은 장소 + 넓은 장소'의 순서
예요. (어딘가에서 + 한국)

094　그는 서울에 **사니**?

_____

▶ 주어 He의 현재 일을 물을 때는
'Does + he + 동사원형 ~?'
으로 나타내요.

095　그는 서울에 **살지 않는다**.

_____

▶ 주어가 He/She일 때 현재의
부정은 'doesn't + 동사원형'
을 써요.

096　그는 미국에서 가족들과 함께 **산다**.

_____

▶ '장소 + 방법'의 순서로 써요.
(미국에서 + 가족들과 함께)

097　그들은 미국에서 자유롭게 **살았다**.

_____

▶ '자유롭게'를 강조하여 방법
(자유롭게)을 먼저, 장소(미국
에서)를 뒤에 써요.

098　그들은 작년에 뉴욕에서 **살았니**?

_____

▶ 과거의 일은 'Did + 주어 +
동사원형 ~?'으로 물어요.

Words　**in Korea** 한국에서 ｜ **in Seoul** 서울에서 ｜ **in America** 미국에서 ｜ **in New York** 뉴욕에서
somewhere 어딘가에 ｜ **with his family** 그의 가족들과 함께 ｜ **last year** 작년에

주어(S)　　　동사(V)

They lived. 그들은 살았다.

Hints

099 **그들은** 행복하게 **살았다.**

_____

100 **그들은** 가족들과 행복하게 **살았다.**

_____

▶ '행복하게'를 강조하는 의미로 다른 부사구보다 먼저 쓰세요.

101 **그들은** 미국에서 가족들과 함께 **살지 않았다.**

_____

▶ 장소보다 방법을 강조하여 '가족들과 함께 + 미국에서'의 순으로 써요.

102 **당신은** 뉴욕에서 가족과 함께 **살았나요?**

_____

▶ 과거의 일은 'Did + 주어 + 동사원형 ~?'으로 물어요.

103 **우리는** 뉴욕에서 가난하게 **살지 않았다.**

_____

▶ '가난하게'를 강조하여 다른 부사구보다 먼저 쓰세요.

104 **우리는** 뉴욕에서 함께 **살 것이다.**

_____

▶ 미래의 일은 'will + 동사원형'으로 나타내고, '함께'를 강조하여 다른 부사구보다 먼저 써요.

105 **우리는** 내년에는 뉴욕에서 **살 것이다.**

_____

Words **happily** 행복하게 ┊ **poorly** 가난하게 (= in poverty) ┊ **together** 함께 ┊ **with their family** 그들의 가족과 함께
with your family 너의 가족과 함께 ┊ **in America** 미국에서 ┊ **in New York** 뉴욕에서 ┊ **next year** 내년에

주어(S)　　　동사(V)

You work. 너는 일한다.

Hints

106 너는 열심히 **일한다**.

_____

107 너는 매일 열심히 **일한다**.

_____

▶ '방법 + 시간'의 순서로 써요.
(열심히 + 매일)

108 너는 매일 늦게까지 **일하니?**

_____

▶ 시간 부사구가 여러 개 나오면 '짧은 시간(늦게까지) + 긴 시간(매일)'의 순서로 써요.

109 나는 어제 늦게까지 **일했다**.

_____

110 우리는 어제 늦게까지 **일하지 않았다**.

_____

▶ 과거의 부정은 'didn't + 동사원형 ~'이에요.

111 우리는 다음 주에는 밤 늦게까지 **일하지 않을 것이다**.

_____

▶ '짧은 시간 + 긴 시간'의 순서예요. (늦게까지 + 밤에 + 다음 주에)

112 우리는 다음 주에 농장에서 함께 **일할 것이다**.

_____

▶ 길이가 짧은 부사 '함께'를 먼저 쓰고, 뒤에는 '장소 + 시간' 순서로 써요.

Words **hard** 열심히 ┊ **together** 함께 ┊ **every day** 매일, 날마다 ┊ **late** 늦게까지 ┊ **yesterday** 어제 ┊ **at night** 밤에 ┊ **next week** 다음 주에 ┊ **on the farm** 농장에서

주어(S) 동사(V)

She works. 그녀는 일한다.

Hints

113 그녀는 해외에서 **근무한다.**

_____

114 그녀는 해외에서 **근무하지 않는다.**

_____

▶ 주어가 He/She일 때 현재의 부정은 doesn't를 써요.

115 그녀는 해외의 한 병원에서 **근무한다.**

_____

▶ 특정 병원이 아닌 어느 한 병원을 말할 때는 the hospital이 아니라 a hospital이에요. 좁은 장소에서 넓은 장소의 순서로 써요. (병원에서 + 해외에서)

116 그녀는 미국의 한 병원에서 **일하니?**

_____

▶ 주어 she의 현재 일을 물을 때는 'Does she + 동사원형 ~?'으로 표현해요.

117 그녀는 집에서 **일했다.**

_____

118 그녀는 집에서 혼자 **일했다.**

_____

▶ '혼자'의 의미를 강조하여 장소 표현보다 먼저 쓰세요.

119 그녀는 작년에는 집에서 **일하지 않았다.**

_____

▶ 과거 일의 부정은 'didn't + 동사원형 ~'이며, 부사구는 '장소(집에서) + 시간(작년에)' 순서로 써요.

Words **abroad** 해외에서 ｜ **in America** 미국에서 ｜ **in a hospital** (한) 병원에서 ｜ **at home** 집에서 ｜ **alone** 혼자
last year 작년에

주어(S)   동사(V)

They worked. 그들은 일했다.

120 **그들은** 그 은행에서 **일했다.**

_____

121 **그들은** 그 은행에서 열심히 **일했다.**

_____

▶ '열심히'를 강조하여 다른 부사구보다 먼저 쓰세요.

122 **그들은** 그 은행에서 매일 열심히 **일했니?**

_____

▶ 길이가 짧은 부사 hard 뒤에 '장소 + 시간' 순서로 써요. (열심히 + 그 은행에서 + 매일)

123 **그들은** 매일 9시부터 5시까지 **일한다.**

_____

▶ '짧은 시간 + 긴 시간'의 순서예요. (9시부터 5시까지 + 매일)

124 **그들은** 도서관에서 9시에서 5시까지 **일한다.**

_____

▶ 장소 부사구 먼저, 시간 부사구는 뒤에 써요.

125 **그들은** 일요일에 도서관에서 **일할 것이다.**

_____

▶ '~요일에'를 말할 때는 요일 앞에 on을 잊지 마세요.

126 **그들은** 일요일마다 농장에서 **일할 거니?**

_____

▶ '일요일에'는 on Sunday이고 '일요일마다'는 on Sundays 예요.

Words in the bank 은행에서 ┃ in the library 도서관에서 ┃ on the farm 농장에서 ┃ hard 열심히
every day 매일 ┃ from nine to five 9시부터 5시까지 ┃ on Sundays 일요일마다

There is a bookstore.

동사(V)   주어(S)

서점이 하나 있다.

Hints

127 그 거리에 **서점이 하나 있다.**

128 길 건너편에 **큰 서점이 하나 있다.**

'~의 건너편에'는 전치사 across를 써요. '큰 서점'은 'a + 큰 + 서점'으로 써요.

129 길 건너편에 **쇼핑몰이 있니?**

단수 명사가 존재하는지 물을 때는 Is there ~?로 표현해요.

130 그 서점에는 **책이 많이 있다.**

'책이 많이 있다'라는 건 복수형 '많은 책들'을 뜻하므로 There are ~로 써요.

131 그 쇼핑몰에는 **사람들이 좀 있다.**

'좀'은 some으로 나타내요. '사람들'은 복수이므로 be동사도 복수형이어야 해요.

132 그 쇼핑몰에는 **가게가 많이 없다.**

'없다'는 There isn't 또는 There aren't로 표현하는데 '가게가 많이'는 복수형 many shops를 뜻하므로 There aren't ~로 써요.

133 거리를 따라 **가게가 많이 있니?**

Words people 사람들 ┃ mall 쇼핑몰 ┃ bookstore 서점 ┃ shop 가게 ┃ big 큰 ┃ many 많은
in the mall 쇼핑몰에 ┃ in the bookstore 서점에 ┃ across the road 길 건너편에 ┃ on the street 거리에
along the street 거리를 따라

28

동사(V)　　　　　주어(S)

There are three chairs.

의자가 세 개 있다.

134 복도에 **의자가 세 개 있다.**

_____

135 1층 복도에 **의자가 세 개 있다.**

_____

136 1층에 **많은 가게들이 있다.**

_____

137 2층에 **아이들이 몇 명 있다.**

_____

138 2층 수영장에는 **아이들이 하나도 없다.**

_____

139 수영장에 **물이 하나도 없다.**

_____

140 2층 도서관에 **누군가 있었다.**

_____

Hints

▶ 장소 표현은 문장 맨 끝에 써요.

▶ '좁은 장소 + 넓은 장소'의 순서예요. (복도에 + 1층에)

▶ 주어가 '많은 가게들'이므로 be동사도 복수형에 맞게 써요.

▶ '약간의, 몇몇의'는 some으로 표현해요.

▶ '~이 하나도 없다'는 'not ~ any + 명사'로 표현할 수 있어요. 아이들은 복수형이니까 There are ~를 써요.

▶ 주어가 water처럼 셀 수 없는 것일 때는 be동사 자리에 is를 써요.

▶ '누군가'인 someone은 단수 취급해요. 따라서 '있었다'니까 과거형 was를 써요.

Words children 아이들 ｜ water 물 ｜ someone 누군가 ｜ in the hallway 복도에 ｜ on the first floor 1층에
on the second floor 2층에 ｜ in the pool 수영장에 ｜ in the library 도서관에

동사(V)   주어(S)

There was an exam.

시험이 있었다.

141 월요일에 **시험이 있었다.**

_____

142 월요일 11시에 **시험이 있었다.**

_____

▶ '짧은 시간 + 긴 시간'의 순서로 써요. (11시에 + 월요일에)

143 월요일 11시에 **시험이 있었니?**

_____

▶ '시험(exam)'은 단수 주어예요. 따라서 Was there ~?로 물어요.

144 오늘 밤에는 **야구 경기가 없다.**

_____

▶ '야구 경기'는 단수이므로 '~이 없다'는 There isn't ~예요.

145 오늘 밤에 텔레비전에서 **야구 경기가 있다.**

_____

▶ '장소 + 시간'의 순서로 써요. (텔레비전에서 + 오늘 밤에)

146 지난주에 부산에서 **야구 경기가 있었다.**

_____

147 다음 주에 부산에서 **농구 경기가 있을 것이다.**

_____

▶ 미래에 '있을 것이다'는 There will be ~로 표현해요.

Words baseball game 야구 경기 ┃ basketball game 농구 경기 ┃ on TV 텔레비전에서 ┃ on Monday 월요일에
at eleven 11시에 ┃ tonight 오늘 밤에 ┃ next week 다음 주에 ┃ last week 지난주에

동사(V)　주어(S)

There were some bottles.

병이 몇 개 있었다.

148 탁자 위에 **병이 몇 개 있었다.**

_____

▶ '~ 위에'는 전치사 on으로 나타 내요.

149 탁자 위에 **컵들이 좀 있었니?**

_____

▶ 여러 개가 있었냐고 물을 때는 Were there ~?를 써요. 의문문에서 '조금, 약간'은 some 대신 any를 써요.

150 싱크대 안에 **컵이 세 개 있다.**

_____

151 싱크대 안에 **물이 약간 있었다.**

_____

▶ '물(water)'은 셀 수 없는 단 어이고 '있었다'라는 과거니까 be동사는 was를 써요.

152 컵 속에 **포크가 두 개 있다.**

_____

▶ '포크 두 개'는 복수의 의미이므로 be동사도 복수형으로 쓰세요!

153 바닥에 **포크들이 좀 있었니?**

_____

▶ '바닥에'는 엄밀히 말하면 '바 닥 위에'이므로 'on + 바닥'으 로 표현해요.

154 바닥에 **펜이 하나 있었다.**

_____

Words cup 컵 ｜ fork 포크 ｜ pen 펜 ｜ water 물 ｜ bottle 병 ｜ on the table 탁자 위에 ｜ on the floor 바닥에
in the sink 싱크대 안에 ｜ in the cup 컵 속에

❶

Hi, Jenny!

Will _____ to my birthday party

_____ ? (내일 내 생일 파티에 와 줄래?)

Jack

❷

Mom!

I _____ go _____ after school!

(저 방과후에 도서관에 갈게요!)

Minsu

❸

Dad!

Jack _____ work _____ today.

(잭은 오늘 열심히 공부하지 않았어요.)

But I _____ very _____ .

(하지만 저는 아주 열심히 했어요.)

Mary

❹

Minjoon!

_____ a new pen _____

_____ . (탁자 위에 새 펜이 하나 있어.)

That's mine. Don't touch it!

Mary

Words work 공부하다, 일하다 | very 매우 | hard 열심히 | mine 나의 것 | touch 만지다

실전연습❷ | 문자 메시지

◀ Messages　　　　　　　　**Mom**　　　　　　　　Contact

 ❶ _____ a sandwich
_____!
(탁자 위에 샌드위치 하나 있어!)

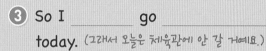

Thank you, Mom! ♥♥♥
❷ There is an _____
_____. (금요일에 시형이 있어요.)
❸ So I _____ go _____
today. (그래서 오늘은 체육관에 안 갈 거예요.)

Okay. Study hard!
I came to the mall.

❹ _____ many people
in the mall? (쇼핑몰에 사랑이 많아요?)

Not many today.
❺ I _____ soon.
(엄마는 곧 돌아갈 거야.)

Okay!

Words　exam 시험 ｜ on Friday 금요일에 ｜ to the gym 체육관으로 ｜ go back 돌아가다

1형식 문장 연습 · **33**

①

April 26th, Friday

I _____ with

my friends today.

There _____

at the zoo. We watched many animals.

I _____ late at night.

I had a lot of fun today.

4월 26일 금요일

나는 오늘 내 친구들과 동물원에 갔다.

동물원에는 사람들이 많았다.

우리는 동물을 많이 구경했다.

나는 밤에 늦게 집에 돌아왔다.

오늘 무척 재미있었다.

②

August 21st, Sunday

My family visited my grandparents today.

They _____ .

I _____

with my brother.

And we swam in the river.

I _____ early

tonight. I love the country life.

8월 21일 일요일

우리 가족은 오늘 할아버지, 할머니를 방문했다.

그 분들은 시골에 사신다.

나는 동생과 강을 따라 뛰었다.

그리고 우리는 강에서 수영했다.

오늘밤은 일찍 잠자리에 들려고 한다.

나는 시골 생활이 아주 좋다.

Words **people** 사람들 | **come back** 돌아오다 | **home** 집으로 | **in the country** 시골에서
along the river 강을 따라서 | **go to bed** 잠자리에 들다

③

June 7th, Monday

_____ a big party at school

today.

My parents _____ by car.

_____ many people in the hall.

We all sang and danced together.

What an exciting day!

6월 7일 월요일

오늘 학교에서 큰 파티가 있었다.

우리 부모님이 차를 타고 학교에 오셨다.

강당에는 사람들이 많았다.

우리는 모두 함께 노래를 부르고 춤을 췄다.

정말 신나는 날이었다!

④

September 15th, Saturday

My aunt _____ in New York.

She _____.

I went to the mall _____

with her.

_____

in the mall. I love the city life.

9월 15일 토요일

이모는 뉴욕에서 혼자 산다.

이모는 토요일에는 일하지 않는다.

나는 이모와 지하철을 타고 쇼핑몰에 갔다.

쇼핑몰에는 가게들이 많이 있었다.

나는 도시 생활이 정말 좋다.

Words alone 혼자 │ shop 가게 │ **by subway** 지하철을 타고

2형식 문장 연습

* 2형식 문장은 **주어**와 **동사** 뒤에 주어를 보충 설명해 주는 **보어**가 와요.

* **보어** 자리에는 명사나 형용사가 와요.

 명사 보어는 그 앞에 형용사를 써서 꾸며주고, **형용사** 보어는 그 앞에 부사를 써서 꾸며 줘요.

* 시기, 정도, 방법 등을 나타내는 **부사(구)**가 문장 끝에 올 수 있어요.

 주어 **+** 동사 **+** 보어 **+** 부사(구)

:한눈에 보는 **동사 변화**:

be

~이다	am	is	are
~이었다	was	was	_____
~일 것이다	will be		

seem

~하게 보인다	seem
	seems
~하게 보였다	_____
~하게 보일 것이다	will seem

feel

~한 기분이 들다	feel
	feels
~한 기분이 들었다	felt
~한 기분이 들 것이다	_____

look

~하게 보인다	look
	_____
~하게 보였다	looked
~하게 보일 것이다	will look

주어가 He/She일 때의 동사 변화를 적어 봐!

taste

~한 맛이 난다	taste
	tastes
~한 맛이 났다	_____
~한 맛이 날 것이다	will taste

smell

~한 냄새가 난다	smell
	smells
~한 냄새가 났다	smelled
~한 냄새가 날 것이다	_____

get

~해진다	get
	gets
~해졌다	_____
~해질 것이다	will get

become

~해진다	become
	_____
~해졌다	became
~해질 것이다	will become

주어(S)   동사(V)   보어(C)

I am hungry. 나는 배고프다.

155 **나는** 매우 배고프다.

_____

156 **나는** 배고프고 피곤하다.

_____

157 **나는** 오늘 피곤하지 않다.

_____

158 **나는** 아프지 않았다.

_____

159 **너는** 어제 아팠다.

_____

160 **너는** 어제 정말 아팠니?

_____

161 **너는** 정말 행복할 것이다.

_____

Hints
- ▶ 형용사를 강조해 주는 부사는 형용사 앞에 와요. (매우 + 배고픈)
- ▶ 같은 성질의 형용사 두 개는 and로 연결해요.
- ▶ 주어 I의 현재 상태를 부정하니까 am not을 써요.
- ▶ I의 과거 상태에 대한 부정은 wasn't를 써요.
- ▶ You의 과거 상태를 나타낼 때는 were를 써요.
- ▶ You의 과거 상태는 Were you ~?로 물어요. '정말'은 '아픈'을 강조하는 부사이기 때문에 그 앞에 써요.
- ▶ 미래의 상태를 말할 때는 주어에 상관 없이 will be를 써요.

Words hungry 배고픈 | tired 피곤한 | sick 아픈 | happy 행복한 | very 매우, 무척 | really 정말 | and 그리고
yesterday 어제 | today 오늘

주어(S) 동사(V) 보어(C)

He is my brother.

그는 나의 남자 형제이다.

162 **그는** 나의 남동생이다.

_____

163 **그는** 귀엽다.

_____

164 **나의 여동생은** 귀엽다.

_____

165 **그들은** 귀엽고 영리했다.

_____

166 **그 개는** 무척 영리하다.

_____

167 **그 개는** 게으르니?

_____

168 **그 개는** 게으르지 않다.

_____

Hints

▶ '나의 남동생'은 '소유격(나의) + 형용사(더 어린) + 명사(남자 형제)'로 나타내요.

▶ '귀엽다'를 표현하려면 be동사와 형용사 '귀여운'을 함께 써야 '귀엽다'가 돼요.

▶ They의 과거 상태를 나타낼 때는 were를 써요.

▶ 부사 very(무척)는 형용사 앞에 와요.

▶ 주어인 '그 개'는 단수이기 때문에 be동사는 is를 써요. 그래서 현재 상태를 물을 때는 'Is + 주어 ~?'로 물어요.

▶ 현재 상태를 부정하니까 isn't를 써요.

Words **younger** 더 어린 ┃ **cute** 귀여운 ┃ **smart** 영리한 ┃ **lazy** 게으른 ┃ **brother** 남자 형제 ┃ **sister** 여자 형제 **dog** 개

주어(S)   동사(V)   보어(C)

The students were honest.

그 학생들은 정직했다.

Hints

169 **그 학생들은** 매우 정직했다.

_____

170 **그들은** 매우 친절하고 정직했다.

_____

▶ 성질이 비슷한 두 개의 형용사는 and로 연결해요.

171 **그들은** 친절한 학생들이 아니다.

_____

▶ 현재시제 부정문으로 써요. 주어가 They이므로 동사 자리에는 aren't가 와요.

172 **그들은** 그녀의 친구들이니?

_____

▶ 현재시제 의문문이니까 Are they ~?로 물어요.

173 **그녀의 친구들은** 예뻤다.

_____

▶ 복수 주어에 맞는 과거형 be동사를 써요.

174 **제인의 여동생들은** 매우 예쁘다.

_____

▶ 사람 이름 뒤에 ''s를 붙이면 '~의'라는 뜻이 돼요.

175 **그녀의 여동생들은** 오늘 슬펐다.

_____

▶ 시간을 나타내는 부사는 문장 뒤에 와요.

Words honest 정직한 │ kind 친절한 │ sad 슬픈 │ pretty 예쁜 │ Jane's 제인의 │ her 그녀의 │ friend 친구
student 학생 │ sister 여동생, 언니, 누나 │ today 오늘

주어(S)　　　동사(V)　　　보어(C)

You seem happy.
너는 행복해 보인다.

176 **너는** 매우 행복해 **보인다.**

_____

177 **너의 친구들은** 매우 행복해 **보인다.**

_____

178 **너의 친구들은** 피곤해 **보였다.**

_____

179 **그의 형제들은** 아파 **보였다.**

_____

180 **그의 개는** 어젯밤에 아파 **보였다.**

_____

181 **그의 개는** 어젯밤에 배고파 **보이지 않았다.**

_____

182 **너의 누나는** 배고파 **보이니?**

_____

Hints

▶ 동사 seem 뒤에는 형용사 보어가 와요.

▶ '보였다'니까 과거형 seemed 를 써요.

▶ 시간을 나타내는 부사구는 문장 끝에 써요.

▶ 과거의 부정은 'didn't + 동사원형'을 써요.

▶ '너의 누나'는 단수 주어이기 때문에 Does를 써서 현재의 상황을 물어요.

Words happy 행복한 ｜ tired 피곤한 ｜ sick 아픈 ｜ hungry 배고픈 ｜ last night 어젯밤에 ｜ your 너의
his 그의

🎧 042.mp3

주어(S)　　　　　동사(V)　　　　보어(C)

She seems busy.

그녀는 바빠 보인다.

Hints

183 그녀는 정말로 바빠 **보인다.**

_____

184 그녀의 친구는 바빠 **보이지 않는다.**

_____

▶ 단수 주어이니까 현재 부정은 'doesn't + 동사원형'이에요.

185 그녀의 가장 친한 친구는 방과후에 바빠 **보였다.**

_____

▶ 시간을 나타내는 부사구는 문장 끝에 써요.

186 그의 선생님은 방과후에 한가해 **보이지 않았다.**

_____

▶ 과거 일의 부정은 주어에 상관 없이 'didn't + 동사원형'을 써요.

187 그의 선생님은 오늘 한가해 **보이지 않는다.**

_____

188 그 학생들은 오늘 아침에 피곤해 **보였다.**

_____

▶ '오늘 아침에'의 '오늘'은 this 로 표현해요.

189 그 학생들은 오늘 오후에 피곤해 **보였니?**

_____

▶ 과거의 일은 'Did + 주어 + 동사원형 ~?'으로 물어요.

Words busy 바쁜 ┃ free 한가한 ┃ tired 피곤한 ┃ really 정말 ┃ best 가장 친한 ┃ friend 친구 ┃ teacher 선생님
after school 방과 후에 ┃ this morning 오늘 아침에 ┃ this afternoon 오늘 오후에 ┃ today 오늘

주어(S)   동사(V)   보어(C)

They seemed lazy.

그들은 게을러 보였다.

Hints

190 그들은 어제 게을러 **보였다.**

_____

191 그들은 어제 매우 한가해 **보였다.**

_____

▶ 형용사(free)를 수식해 주는 부사(very)는 형용사 앞에, 시간을 나타내는 부사는 문장 뒤에 놓여요.

192 그의 형제들은 한가해 **보이지 않는다.**

_____

▶ 복수 주어의 현재 부정은 'don't + 동사원형'을 써요.

193 그의 형제들은 배고파 **보이니?**

_____

▶ 복수 주어의 현재 상황을 물을 때는 'Do + 주어 + 동사원형 ~?'으로 표현해요.

194 그녀의 개는 배고파 **보인다.**

_____

▶ '그녀의 개'는 단수 주어이므로 동사 뒤에 -s를 붙여요.

195 그녀의 개는 영리해 **보이지 않는다.**

_____

196 그녀의 언니는 영리해 **보이니?**

_____

▶ '그녀의 언니'는 단수 주어이니까 현재 일을 물을 때 'Does + 주어 + 동사원형 ~?'으로 표현해요.

Words lazy 게으른 | hungry 배고픈 | smart 영리한 | brother 형제 | dog 개 | sister 언니, 여동생, 누나
yesterday 어제

주어(S) 동사(V) 보어(C)

I feel good. 나는 기분이 좋다.

197 나는 항상 **기분이 좋다.**

_____

198 나는 항상 **기분이 좋지**는 않다.

_____

199 나는 항상 **졸리지**는 않는다.

_____

200 그 소년은 더 이상 **졸리지 않다.**

_____

201 그 어린 소년들은 더 이상 **지루하지 않았다.**

_____

202 그 어린 소녀들은 전혀 **지루해하지 않았다.**

_____

203 너희들은 전혀 **지루해하지 않을 것이다.**

_____

Hints

▶ all the time(항상)처럼 여러 단어로 이루어진 부사구는 보통 문장 끝에 써요.

▶ 주어가 I일 때 현재 부정은 'don't + 동사원형'이에요.

▶ '더 이상 ~ 않다'는 not ~ anymore로 표현해요. '소년'이 주어이므로 현재 부정은 doesn't + 동사원형.

▶ 과거의 부정은 'didn't + 동사원형'을 써요.

▶ '전혀 ~하지 않다'는 not ~ at all로 표현하는데, at all이 문장 끝에 와요.

▶ '~하지 않을 것이다'라고 미래를 말하므로 won't를 써요.

Words good 좋은 ｜ sleepy 졸린 ｜ bored 지루한 ｜ young 어린 ｜ boy 소년 ｜ girl 소녀 ｜ all the time 항상
not ~ anymore 더 이상 ~ 않다 ｜ at all 전혀

주어(S)   동사(V)   보어(C)

The stone feels rough.

그 돌은 거칠다.

204 그 돌은 너무나 **거칠다**.

_____

205 그 둥근 돌은 너무나 **딱딱하다**.

_____

206 이 빵은 **딱딱하다**.

_____

207 이 흰 빵은 전혀 **딱딱하지** 않다.

_____

208 저 천은 전혀 **부드럽지** 않다.

_____

209 저 새 천은 **부드럽니**?

_____

210 저 갈색 천은 차가운 **촉감**이었다.

_____

Hints

▶ 형용사를 강조하는 부사(so)는 형용사 앞에 써요. 동사 feel은 기분뿐만 아니라 감촉을 나타낼 때도 쓰여요.

▶ 형용사는 명사 앞에 놓이니까 'the + 형용사(둥근) + 명사(돌)' 순서로 써요.

▶ 'this/that + 형용사 + 명사'의 순서로 주어를 써 보세요.

▶ 부사구 at all(전혀)을 문장 끝에 써요.

▶ 천(cloth)은 단수 주어이기 때문에 Does ~?로 물어야 해요.

▶ feel의 과거형은 felt.

Words so 너무나, 대단히 ┃ **rough** 거친 ┃ **hard** 딱딱한 ┃ **soft** 부드러운 ┃ **cold** 차가운 ┃ **new** 새로운 ┃ **round** 둥근
white 흰색의 ┃ **brown** 갈색의 ┃ **stone** 돌 ┃ **bread** 빵 ┃ **cloth** 천

주어(s) 동사(V) 보어(C)

The air felt fresh.

공기가 상쾌했다.

Hints

211 오늘 아침에는 **공기가 상쾌했다.**

_____

▶ 시간을 나타내는 부사구는 문장 끝에 써요.

212 오늘 아침에는 **공기가 따뜻했니?**

_____

▶ 과거의 상태는 'Did + 주어 + 동사원형 ~?'으로 물어요.

213 **너의 손은** 따뜻하고 **매끄럽다.**

_____

▶ 복수 주어 hands를 쓰고 그에 맞는 동사를 쓰세요.

214 **이 깃털들은 매끄럽니?**

_____

▶ 복수 명사 앞에 오는 '이'는 this가 아니라 these를 써요.

215 **이 깃털들은 촉감이** 어때?

_____

▶ 복수 주어의 상태가 어떤지 물을 때는 'How do + 주어 + 동사원형 ~?'으로 표현해요.

216 **그 새 로션은 촉감이** 어때?

_____

217 **그 새 로션은 끈적거린다.**

_____

▶ 주어가 단수이고 현재형이므로 동사 뒤에 -s를 붙이세요.

Words fresh 상쾌한 ┃ warm 따뜻한 ┃ smooth 매끄러운 ┃ sticky 끈적거리는 ┃ air 공기 ┃ hand 손
feather 깃털 ┃ lotion 로션 ┃ these 이; 이것들 ┃ how 어떤, 어떻게 ┃ this morning 오늘 아침에

주어(S)　　　동사(V)　　　보어(C)

You look cold. 너는 추워 보인다.

218　너는 정말 추워 **보인다.**

_____

219　너는 정말 행복해 **보였다.**

_____

220　너는 영화를 본 후에 행복해 **보였어.**

_____

221　저 어린 소녀들은 영화를 본 후에 행복해 **보였다.**

_____

222　저 어린 소녀들은 어제 화가 나 **보였다.**

_____

223　그 노인은 화가 나 **보이지 않았다.**

_____

224　오늘 앤디는 어때 **보였니?**

_____

Hints

▶ '~해 보인다'는 'look + 형용사'로 표현해요.

▶ '보였다'니까 과거형 looked 를 써요.

▶ 'after + 명사'로 '~한 후에' 를 표현할 수 있어요.

▶ 복수 명사 앞의 '저'는 that이 아니라 those예요.

▶ '노인'은 '나이 든 + 남자'로 표현 하면 돼요. 과거의 부정은 'didn't + 동사원형'으로 나타내요.

▶ 과거에 어떠했는지 물을 때는 How did ~?로 시작해요.

Words cold 추운 ┊ happy 행복한 ┊ upset 화가 난, 속상한 ┊ young 어린, 젊은 ┊ old 나이든 ┊ those 저; 저것들
Andy 앤디 ┊ man 남자 ┊ really 정말 ┊ today 오늘 ┊ after the movie 영화를 본 후에

주어(S)   동사(V)   보어(C)

The cloth looks new.

그 천은 새 것처럼 보인다.

Hints

225 그 천은 새 것처럼 **보이지 않는다.**

_____

▶ '그 천'은 단수 주어이므로 현재
시제의 부정문은 'doesn't +
동사원형'을 써요.

226 그 새 천은 부드러워 **보이지 않는다.**

_____

▶ '그 새 천'은 '그 + 형용사(새로운)
+ 명사(천)' 순으로 써요.

227 이 빵은 부드러워 **보인다.**

_____

▶ 주어가 단수이고 현재형이므로
동사 뒤에 -s를 붙여요.

228 이 둥근 빵은 거칠어 **보인다.**

_____

229 이 돌은 거칠어 **보이지 않았다.**

_____

▶ 과거의 부정은 'didn't + 동사
원형'이에요.

230 이 돌은 매끈해 **보이니?**

_____

▶ 단수 주어이니까 Does ~?로
물어야 해요.

231 저 흰색 돌들은 매끈해 **보이니?**

_____

▶ 복수 명사 앞에 오는 '저'는
that이 아니라 those예요.

Words cloth 천 ┊ bread 빵 ┊ stone 돌 ┊ new 새로운 ┊ round 둥근 ┊ white 흰색의 ┊ soft 부드러운
rough 거친 ┊ smooth 매끄러운

look ❸

주어(S)   동사(V)   보어(C)

They looked sorry.

그들은 미안한 기색이었다.

232 그 노인들은 미안한 **기색이었다.**

233 그 노인들은 그때는 미안한 **기색이었다.**

234 그 젊은 남자들은 미안한 **기색이 없었다.**

235 그 젊은 남자들은 바빠 **보인다.**

236 그 어린 소년들은 항상 바빠 **보였다.**

237 그 어린 소년들은 항상 피곤해 **보인다.**

238 그 소년들은 오늘 어때 **보였니?**

Hints

▶ '그 노인들'은 '그 + 형용사(늙은) + 명사(남자들)' 순으로 써요.

▶ 시간 표현은 문장 끝에 써요.

▶ 과거의 부정은 'didn't + 동사원형'으로 나타내요.

▶ 시간 부사구 all the time을 이용해 보세요.

▶ 복수 주어의 과거가 어땠는지 물을 때는 'How did + 주어 + 동사원형 ~?'으로 나타내요.

Words **men** 남자들 │ **boy** 소년 │ **sorry** 미안한 │ **busy** 바쁜 │ **tired** 피곤한 │ **old** 나이든 │ **young** 젊은, 어린
at that time 그때에, 그 당시에 │ **all the time** 항상

주어(S)　　　　　　동사(V)　　　보어(C)

These pies taste sweet.

이 파이들은 맛이 달다.

239 이 사과 파이들은 달콤하다.

_____

240 이 사과 파이들은 달고 시큼한 **맛이 난다.**

_____

241 이 우유는 시큼한 **맛이 날 것이다.**

_____

242 이 바나나 우유는 아주 **맛있지 않았다.**

_____

243 이 케이크는 아주 **맛있니?**

_____

244 이 케이크는 커피와 먹으면 아주 **맛있다.**

_____

245 이 쿠키들은 커피와 먹으면 아주 **맛있을 것이다.**

_____

Hints
▶ '파이들'은 복수 명사이기 때문에 앞에 these가 와야 해요. '사과 파이들'에서 '사과'는 형용사 역할을 하므로 단수 형태로 써요.
▶ 보어 자리의 형용사들을 and로 연결해요.
▶ 미래의 일이므로 'will + 동사 원형'으로 표현해요.
▶ '아주 맛있는'이란 뜻으로 형용사 great를 써 보세요.
▶ 주어 '이 케이크'는 단수 명사이므로 Do가 아닌 Does로 물어야 해요.
▶ '~와 함께 먹으면'이란 뜻으로 with를 이용해 보세요.
▶ 복수 명사 '쿠키들' 앞에 오는 '이'는 this가 아니라 these예요.

Words sweet 달콤한, 단 ｜ sour 신, 시큼한 ｜ great 아주 맛있는 ｜ apple 사과 ｜ pie 파이 ｜ milk 우유 ｜ banana 바나나 ｜ cake 케이크 ｜ cookie 쿠키 ｜ with coffee 커피와 먹으면

50

주어(S)　　　　　　　동사(V)　　　보어(C)

That soup tastes hot.

저 수프는 맵다.

246 저 수프는 약간 **맵다**.

_____

▶ '약간'이란 뜻으로 a little을 형용사 앞에 써 보세요.

247 저 치킨 수프는 맛이 이상하다.

_____

248 저 샌드위치들은 맛이 이상하다.

_____

▶ sandwich(샌드위치)는 -ch로 끝나기 때문에 -es를 붙여서 복수 명사로 만들어요. 그리고 그 앞에는 That이 아닌 Those를 써야 해요.

249 저 샌드위치들은 오렌지 주스와 먹으면 **맛이 이상하다**.

_____

250 저 빵은 오렌지 주스와 먹으면 **맛이 이상하니**?

_____

▶ Does + 주어(저 빵) ~?으로 시작해요.

251 이 호두 빵은 맛이 어때?

_____

▶ 맛이 어떤지 물을 때는 How를 이용해요. '호두 빵'은 단수 명사이기 때문에 does를 써서 'How does + 주어 + 동사원형 ~?'으로 물어요.

252 이 호두 파이는 맛이 어땠어?

_____

Words soup 수프, 국 | sandwich 샌드위치 | bread 빵 | walnut 호두 | chicken 닭 | hot 매운
funny (맛이) 이상한 | a little 약간 | with orange juice 오렌지 주스와 먹으면

주어(S) 동사(V) 보어(C)

The cookies tasted sweet.

그 쿠키들은 달았다.

253 그 쿠키들은 너무 **달았다.**

_____

254 그 주스는 너무 **달지 않았다.**

_____

▶ 과거에 맛이 달지 않았다는 것이므로 didn't를 써요.

255 그 주스는 맛이 신선하지 않다.

_____

▶ 현재의 맛 상태를 말하므로 현재시제로 써요. 부정문이니까 doesn't + 동사원형.

256 그 샐러드는 신선하니?

_____

▶ '그 샐러드'는 단수 명사이므로 Does를 이용하여 현재 상태를 물어요.

257 그 치킨 샐러드는 짠 **맛이 났니?**

_____

258 그 치킨은 샐러드와 함께 먹으면 짜지 **않을 것이다.**

_____

▶ '(미래에) ~않을 것이다'는 'won't + 동사원형'이에요. '~와 함께 먹으면'이란 뜻으로 with를 이용해 보세요.

259 그 커피는 시럽과 함께 먹으면 쓰지 **않다.**

_____

Words too 너무 ㅣ **sweet** 단 ㅣ **fresh** 신선한 ㅣ **salty** 짠 ㅣ **bitter** 쓴 ㅣ **juice** 주스 ㅣ **salad** 샐러드 ㅣ
chicken 치킨, 닭 ㅣ **coffee** 커피 ㅣ **with syrup** 시럽과 함께 먹으면 ㅣ **with salad** 샐러드와 함께 먹으면

주어(S) 동사(V) 보어(C)

This sandwich smells awful.

이 샌드위치는 끔찍한 냄새가 난다.

---

260 이 샌드위치들은 끔찍한 **냄새가 난다.**

_____

261 이 로션은 매우 이상한 **냄새가 난다.**

_____

262 이 로션에서는 이상한 **냄새가 안 날 것이다.**

_____

263 저 빵은 이상한 **냄새가 난다.**

_____

264 저 초콜릿 빵에서 달콤한 **냄새가 났다.**

_____

265 저 초콜릿 케이크에서 달콤한 **냄새가 나니?**

_____

266 저 바나나 케이크에서 어떤 **냄새가 나니?**

_____

Hints

▶ '~한 냄새가 난다'는 smell + 형용사.
  이 샌드위치
  → this sandwich
  이 샌드위치들
  → these sandwiches

▶ '로션'은 단수 명사이므로 앞에는 this를 쓰고 동사에 -s를 붙여요.

▶ 미래를 부정할 때는 'won't + 동사원형'으로 표현해요.

▶ '빵'은 단수 명사이므로 앞에 that을 써요.

▶ '저 초콜릿(명사) 빵(명사)'에서 앞의 명사 '초콜릿'은 형용사 역할을 해요.

▶ '케이크'는 단수 주어이기 때문에 현재 상태를 묻는 질문은 Does ~?로 시작해요.

▶ How does ~?로 시작하는 의문문을 만들어요.

Words sandwich 샌드위치 ∣ lotion 로션 ∣ bread 빵 ∣ cake 케이크 ∣ chocolate 초콜릿 ∣ banana 바나나
very 매우 ∣ awful 끔찍한 ∣ funny 이상한 ∣ sweet 단, 달콤한

주어(S)　　　　동사(V)　　　보어(C)

This pizza smells good.

그 피자는 냄새가 좋다.

267　이 치즈 피자는 냄새가 좋다.

_____

268　이 치즈 피자는 냄새가 좋지 **않다.**

_____

269　이 쿠키들은 냄새가 좋지 **않았다.**

_____

270　이 호두 쿠키들에서 좋은 냄새가 났었니?

_____

271　이 호두 쿠키들 냄새가 어때?

_____

272　저 주스는 냄새가 어땠어?

_____

273　저 주스에서는 시큼한 냄새가 날 것이다.

_____

Hints

▶ '이 치즈 피자'에서 앞의 명사 '치즈'는 형용사 역할을 해요.

▶ 주어 '이 치즈 피자'는 단수 명사라서 'doesn't + 동사원형'으로 현재 부정을 나타내요.

▶ 쿠키가 하나일 때는 this cookie, 여러 개일 때는 these cookies.

▶ 과거를 묻고 있으니까 Did + 주어 ~?로 시작해요.

▶ 복수 주어가 현재 어떤지 물을 때는 How do ~?로 시작해요.

▶ 과거에 어땠는지 물을 때는 How did ~?로 시작해요. '주스'는 단수 명사이므로 앞에 that을 써요.

▶ '~일 것이다'라고 예측할 때는 'will + 동사원형'으로 표현해요.

Words　pizza 피자 ｜ cheese 치즈 ｜ walnut 호두 ｜ cookie 쿠키 ｜ juice 주스 ｜ good 좋은
sour 신, 시큼한

주어(S)　　　　　　동사(V)　　　　보어(C)

The milk smells sour.

그 우유는 시큼한 냄새가 난다.

Hints

274　**그 우유는** 약간 시큼한 **냄새가 난다.**

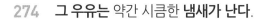

▶ 부사구 '약간'은 형용사 앞에 놓여요.

275　**이 수프는** 약간 시큼한 **냄새가 났다.**

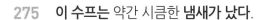

▶ '냄새가 났다'는 과거형이므로 smelled를 써요.

276　**이 수프는 냄새가** 어때?

▶ 단수 주어가 현재 어떤지 물을 때는 How does ~?로 시작해요.

277　**이 커피는** 전혀 신선한 **향이 나지 않는다.**

▶ 부사구 '전혀(at all)'는 문장 맨 끝에 붙여요.

278　**이 커피는** 신선한 **향이 났니?**

▶ 과거의 일은 'Did + 주어 + 동사원형 ~?'으로 물어요.

279　**그 치즈는 냄새가** 어때?

280　**그 치즈는 냄새가** 어땠어?

▶ 과거에 냄새가 어땠는지 묻는 것이므로 How did ~?로 시작해요.

Words milk 우유 ｜ coffee 커피 ｜ soup 수프, 국 ｜ fresh 신선한 ｜ a little 약간 ｜ at all 전혀

주어(S)　　　동사(V)　　　보어(C)

We get old. 우리는 나이가 든다.

281　그들은 나이를 먹는다.

_____

282　그것은 나이를 먹지 않는다.

_____

283　(날씨가) 추워진다.

_____

284　밤에는 (날씨가) 추워지니?

_____

285　(날이) 어두워졌다.

_____

286　(날이) 6시쯤에 **어두워졌다.**

_____

287　(날이) 6시쯤에 꽤 **어두워졌다.**

_____

Hints

▶ 용아 뒤에 형용사(보어)를 붙여서 '~해지다, ~되다'를 표현해요.

▶ '그것'은 3인칭 단수 주어예요. 그러므로 현재의 부정 문장에는 doesn't를 써요.

▶ 날씨를 말할 때 주어 자리에 it을 써요. 현재 시제이므로 동사에 -s를 붙여요.

▶ 주어 it의 현재 시제 의문문은 'Does + 주어 + 동사원형 ~?'으로 표현해요.

▶ 밝고 어두운 명암을 나타낼 때도 주어 자리에 it을 써요. 그리고 과거형이니까 용아을 쓰세요.

▶ 대략적으로 '약 ~, ~쯤'이라고 할 때는 about을 써요. 따라서 '~시쯤에'는 'at about ~'이라고 표현해요.

▶ 부사 '꽤'는 꾸며 주는 형용사 앞에 써요.

Words　old 늙은, 나이 먹은 ┃ cold 추운 ┃ dark 어두운 ┃ quite 꽤 ┃ at about six 6시쯤에 ┃ at night 밤에

주어(S)　　　동사(V)　　　　　보어(C)

It gets warm. 날이 따뜻해진다.

288 오후에는 (날씨가) **따뜻해진다.**

_____

289 내일은 (날씨가) 더 **따뜻해질 것이다.**

_____

290 (날씨가) 더 **더워졌다.**

_____

291 (날씨가) 곧 더 **더워질 것이다.**

_____

292 **그 나무는** 더 **커질 것이다.**

_____

293 **그 나무는** 날마다 점점 더 키가 **크고 있다.**

_____

294 **바람이** 날마다 점점 더 **세지고 있다.**

_____

Hints
▶ 시간 표현은 문장 끝에 써요.

▶ 형용사 warm에 -er을 붙이면 '더 따뜻한'이란 뜻의 비교급 형태가 돼요.

▶ 과거시제이니까 get의 과거형 got을 쓰고, 형용사 비교급 (더 ~한)을 뒤에 붙여요.

▶ '(미래에) 점점 더 ~할 것이다'는 'will get + 형용사 비교급'으로 표현해요.

▶ '점점 더 ~해지고 있다'는 '주어 + is/are + getting + 형용사 비교급 ~'으로 표현해요.

▶ '주어 + is getting ~' 형태로 써 보세요. 주어 자리의 wind 앞에는 the가 붙어요.

Words **warmer** 더 따뜻한 | **hotter** 더 더운 | **taller** 키가 더 큰 | **stronger** 더 센 | **in the afternoon** 오후에
tomorrow 내일 | **day by day** 날마다 | **soon** 곧 | **tree** 나무 | **wind** 바람

주어(S) 동사(V) 보어(C)

The towel got dirty.

그 수건이 더러워졌다.

Hints

295 그 수건이 너무 더러워졌다.

_____

296 그 수건이 너무 젖었니?

_____

▶ 과거에 발생한 일에 대해 묻고 있으니까 'Did + 주어 + 동사원형 ~?'으로 표현해요.

297 그 개는 젖었다.

_____

▶ 과거에 일어난 일이므로 과거형으로 써요.

298 그 갈색 개는 다치지 않았다.

_____

▶ 과거의 부정은 'didn't + 동사원형'을 써요.

299 그들은 다치지 않을 것이다.

_____

▶ 미래를 부정할 때는 'won't + 동사원형'을 써요.

300 그들은 꽤 부유해질 것이다.

_____

▶ 부사 '꽤'는 꾸며 주는 형용사 앞에 써요.

301 그들은 점차 부유해지고 있다.

_____

▶ 부사 gradually(점차)를 이용해 보세요. 그리고 현재 진행되고 있는 상황이므로 is/are + getting으로 표현해요.

Words towel 수건 ｜ dog 개 ｜ dirty 더러운 ｜ wet 젖은 ｜ hurt 다친 ｜ brown 갈색의 ｜ rich 부유한
too 너무 ｜ quite 꽤 ｜ gradually 점차

주어(S)　　　동사(V)　　　　보어(C)

I become hungry.

나는 배가 고파진다.

302 나는 4시쯤에 배가 **고파진다.**

303 너는 9시쯤에 **졸리니?**

304 너는 오후에 **졸릴 것이다.**

305 너는 오후에 **피곤해질 것이다.**

306 나의 부모님은 꽤 **피곤해지셨다.**

307 그의 부모님은 꽤 **바빠지셨다.**

308 너희 부모님은 요즘 **바빠지셨니?**

Hints

▶ '~시쯤에'는 'at about + 시간'으로 표현해요.

▶ 상대방의 평소 상태나 습관을 물을 때는 'Do you + 동사원형 ~?'으로 표현해요.

▶ 미래에 대한 예측이니까 will + 동사원형.

▶ '피곤해지셨다'니까 과거형 became을 써요.

▶ 과거의 상태를 물을 때는 'Did + 주어 + 동사원형 ~?'으로 표현해요.

Words hungry 배고픈 ｜ sleepy 졸린 ｜ tired 피곤한 ｜ busy 바쁜 ｜ quite 꽤 ｜ at about four 4시쯤에
in the afternoon 오후에 ｜ these days 요즘 ｜ parents 부모

주어(S) 동사(V) 보어(C)

My dog is becoming fat.

나의 개는 살이 찌고 있다.

Hints

▶ '점점 더 ~해지고 있다'는 'be 동사 + becoming + 형용사 비교급'으로 표현해요. fat(살찐)의 비교급은 fatter.

▶ '살이 찌다'는 become fat. '살이 더 찌다'는 become fatter.

▶ 현재 진행 중이니까 'be동사 + 동사ing' 형태로 써요.

▶ 부사 recently(최근에)를 이용해 보세요. '되었다'니까 동사는 과거형 became을 써요.

▶ '유명해지다'는 become + famous.

▶ 장소를 나타내는 부사구를 문장 끝에 붙여요.

309 **나의 개는** 점점 더 살이 **찌고 있다.**

_____

310 **나의 개는** 서서히 살이 **찌고 있다.**

_____

311 **그는** 서서히 대머리가 **되어 가고 있다.**

_____

312 **그는** 최근에 대머리가 **되었다.**

_____

313 **그는** 유명해질 것이다.

_____

314 **그들은** 일본에서 **유명해질 것이다.**

_____

315 **그들은** 중국에서 **유명해졌다.**

_____

Words **fat** 살찐 (fatter 더 살찐) ∣ **bald** 대머리의 ∣ **famous** 유명한 ∣ **recently** 최근에 ∣ **slowly** 서서히
in Japan 일본에서 ∣ **in China** 중국에서

주어(S)　　　　동사(V)　　　　　보어(C)

He became a teacher.

그는 교사가 되었다.

Hints

316 그는 의사가 **될 것이다.**

_____

▶ become 뒤에 명사가 올 수 있어요.

317 너는 어른이 **될 것이다.**

_____

▶ adult(어른)는 첫 음이 모음이기 때문에 앞에 an을 붙여요.

318 그것(애벌레)은 나비가 **될 것이다.**

_____

319 그것(올챙이)이 개구리가 **될까?**

_____

▶ 미래를 예측하는 질문은 Will ~ 로 시작해요.

320 오후에 (날이) **어두워졌다.**

_____

▶ 어둡고 밝은 명암을 나타낼 때는 주어 자리에 It을 써요.

321 6시에는 (날이) 꽤 **어두워진다.**

_____

▶ 시간 앞에는 전치사 at을 써요.

322 밤에는 (날씨가) 더 **추워진다.**

_____

▶ cold(추운)의 비교급 colder를 이용해 보세요.

Words　doctor 의사　|　adult 어른　|　frog 개구리　|　butterfly 나비　|　dark 어두운　|　colder 더 추운
in the afternoon 오후에는　|　at six 6시에　|　at night 밤에

❶

Mina!

Your walnut pie _____ great!

(너의 호두 파이는 훌륭해 보였어!)

It also _____! (맛도 정말 훌륭했어!)

You are my best friend.

Mary

❷

Hello, Dad!

You _____ very _____ today.

(오늘 무척 피곤해 보였어요.)

Cheer up! I love you! ☺

Jinho

❸

Jack!

Thank you for helping me today.

You _____ really _____. (너는 정말 친절해.)

And you _____ very _____. (그리고 넌 아주 멋있어 보였어.)

Mary

❹

Amy!

Your puppy _____ so _____! (너의 강아지는 너무 귀여워 보였어!)

Your sister _____ smart _____ kind.

(너의 언니는 똑똑하고 친절해 보였고.)

I felt very happy with your family.

Jack

Words great 훌륭한 | tired 피곤한 | nice 멋있는 | cute 귀여운

◀ Messages　　　　　　　**Friend Amy**　　　　　　　Contact

① _____ do you _____ today?
(오늘 기분이 어때?)

② I _____ very _____!
(기분이 아주 좋아!)

③ _____ is the weather in Seoul?
(서울 날씨는 어때?)

④ _____ in the morning.
(아침에는 추워.)

⑤ _____ at night.
(밤에는 더 추워져.)

⑥ _____ does Kimchi _____?
(김치 맛은 어때?)

⑦ It _____ really _____.
(김치는 정말 매워.)

⑧ It _____. (시큼한 냄새가 나.)
But I love it!

Me, too.
⑨ It _____ with rice.
(밥이랑 먹으면 더 맛있어.)

Words **How ~?** ~은 어때? ┃ **get colder** 더 추워지다 ┃ **hot** 매운 ┃ **sour** 신, 시큼한
better 더 좋은

🎧 064.mp3

①

April 7th, Sunday

I _____ today.

My old pet, Spot, is _____ .

He _____ yesterday.

He is _____ .

His hair _____ and soft.

But he isn't getting better any more.

4월 7일 일요일

나는 오늘 무척 안쓰러웠다.

나의 오랜 애완견, 스팟이 정말로 아프다.

스팟은 어제 피곤해 보였다.

스팟은 무척 영리한 개다.

그의 털은 따뜻하고 부드러운 느낌이다.

그러나 스팟은 더 이상 좋아지지 않고 있다.

②

May 10th, Thursday

I walked along the park in the afternoon.

There were many flowers everywhere.

The flowers _____ .

They _____ sweet.

I _____ at all

today. I _____ .

5월 10일 목요일

나는 오후에 공원을 따라 걸었다.

어디나 꽃이 많았다.

그 꽃들은 아름다워 보였다.

냄새가 향기로웠다.

오늘은 전혀 피곤하게 느껴지지 않았다.

무척 행복한 기분이 들었다.

Words **sick** 아픈 | **warm** 따뜻한 | **feel sorry** 안쓰럽다 | **sweet** (냄새가) 향기로운

3

March 12th, Monday

I had an awful lunch today!

The bread _____ .

But it _____ .

The soup _____ .

The salad _____ .

I still _____ .

3월 12일 월요일

난 오늘 끔찍한 점심을 먹었다!

빵은 맛있어(좋아) 보였다.

하지만 딱딱한 느낌이었다.

수프는 맛이 짰다.

샐러드는 신선한 냄새가 나지 않았다.

난 여전히 배고픈 기분이다.

4

October 22nd, Saturday

It is _____ day by day.

And it _____ at six these days.

It _____ cold winter soon.

But these trees _____

gradually. They _____

after this winter.

10월 22일 토요일

날마다 더 추워지고 있다.

그리고 요즘은 6시에 어두워진다.

곧 추운 겨울이 될 것이다.

그러나 이 나무들은 점차 키가 더 커질 것이다.

이 겨울이 지나면 나무들은 더 튼튼해질 것이다.

Words hard 딱딱한 | salty (맛이) 짠 | fresh 신선한 | get colder 더 추워지다 | get dark 어두워지다
stronger 더 튼튼한 |

3형식 문장 연습

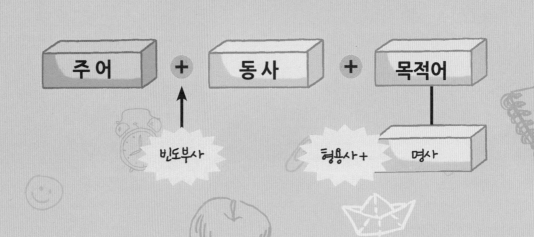

* 3형식 문장은 **주어**와 **동사** 뒤에 '무엇을/누구를'에 해당하는 **목적어**가 와요.

* **목적어** 자리에는 명사가 오는데, 앞에 형용사를 넣어서 명사를 꾸며줄 수 있어요.

* 한 단어로 된 **빈도부사**는 주어와 동사 사이에 와요.

  (빈도부사: never, sometimes, often)

  그러나 여러 단어가 합쳐져서 빈도나 방법을 나타내는 **부사구**는 문장 끝에 써요.

:한눈에 보는 **동사 변화**:

have

가지고 있다	have
	has
가지고 있었다	_____
가질 것이다	will have

need

필요하다	need
	_____
필요했다	needed
필요할 것이다	will need

주어가 He/She일 때의 동사 변화를 적어 봐!

make

만든다	make
	makes
만들었다	made
만들 것이다	_____

hate

미워한다	hate
	hates
미워했다	_____
미워할 것이다	will hate

do

한다	do
	_____
했다	did
할 것이다	will do

enjoy

즐긴다	enjoy
	enjoys
즐겼다	enjoyed
즐길 것이다	_____

wear

입는다	wear
	wears
입었다	_____
입을 것이다	will wear

buy

산다	buy
	_____
샀다	bought
살 것이다	will buy

주어(S)　　동사(V)　　　　목적어(O)

I have a friend.

나는 친구가 한 명 있다.

323 **나는** 좋은 친구들이 **있다.**

_____

324 **나는** 좋은 책을 한 권 **가지고 있었다.**

_____

325 **나는** 많은 책을 **가지고 있다.**

_____

326 **너는** 좋은 책을 많이 **갖고 있니?**

_____

327 **그는** 좋은 생각이(아이디어가) 하나 **있다.**

_____

328 **우리는** 시간이 **없다.**

_____

329 **우리는** 어제 돈이 하나도 **없었다.**

_____

Hints

▶ 형용사는 꾸며 주는 명사 앞에 써요. 목적어가 복수 명사니까 앞에 a를 쓰지 않아요.

▶ '가지고 있었다'니까 과거형 had를 써요.

▶ '많은'을 뜻하는 a lot of를 써 보세요. book은 셀 수 있는 명사 이니까 -s를 붙여서 복수형으로 만들어요.

▶ 상대에게 현재나 평소 상태 를 물을 때는 'Do + 주어 + 동사원형 ~?'으로 표현해요.

▶ 주어가 He이므로 have가 아니 라 has를 써야 해요. '좋은 생 각'은 'a + 형용사(좋은) + 명 사(생각)'.

▶ '시간'은 셀 수 없는 명사라서 단수 형태로 써요.

▶ '돈'은 셀 수 없는 명사이므로 '-s'를 붙이지 않아요. 또한 any 를 써서 '하나도' 없었다는 것을 나타내 보세요.

Words friend 친구 ｜ book 책 ｜ money 돈 ｜ time 시간 ｜ good 좋은 ｜ a lot of 많은 ｜ any 어느 하나도
yesterday 어제

주어(S) 동사(V) 목적어(O)

They have breakfast.

그들은 아침을 먹는다.

330 그들은 영국식 아침을 **먹는다.**

_____

331 그들은 매일 아침을 **먹는다.**

_____

332 그들은 학교에서 매일 점심을 **먹니?**

_____

333 그들은 푸짐한 점심을 **먹었다.**

_____

334 그녀는 식당에서 푸짐한 저녁을 **먹을 것이다.**

_____

335 나의 삼촌은 오늘 저녁을 **먹지 않을 것이다.**

_____

336 그녀는 저녁식사로 무엇을 **먹었니?**

_____

Hints
▶ '아침/점심/저녁식사' 앞에는 a/an을 못 쓰지만 그 앞에 형용사가 오면 붙일 수 있어요. 'an + 영국식 + 아침식사'로 표현해 보세요.

▶ '장소 + 시간' 순서로 써요. (학교에서 + 매일)

▶ have의 과거형은 had예요. big을 이용하여 푸짐한 식사를 표현해 보세요.

▶ 미래형은 주어에 상관없이 'will + 동사원형'이에요.

▶ 미래의 부정은 'won't + 동사원형'으로 써요.

▶ 의문사 What을 이용하여 'What did + 주어 + 동사원형 ~?' 순서로 물어요.

Words breakfast 아침식사 | lunch 점심식사 | dinner 저녁식사 | what 무엇을 | English 영국식의 | big 푸짐한
every day 매일 | today 오늘 | for dinner 저녁식사로 | at school 학교에서 | at a restaurant 식당에서

주어(S)　　　동사(V)　　　　목적어(O)

He had a headache.

그는 두통이 있었다.

Hints

337 **그는** 심한 두통이 **있었다.** (= 그는 두통이 심했다.)

▶ 증상이 '심한'은 bad로 표현해요.

_____

338 **그는** 치통이 **있었니?**

▶ 과거의 상태를 물을 때는 'Did + 주어 + 동사원형 ~?'으로 표현해요.

_____

339 **그는** 심한 치통이 **있다.** (= 그는 치통이 심하다.)

▶ 주어가 '그'이고 현재 시제니까 has를 써야 해요.

_____

340 **그는** 사촌이 몇 명 **있다.**

▶ some(몇, 약간) 뒤의 명사가 셀 수 있는 명사이면 복수형으로 써요.

_____

341 **그의 사촌은** 아이디어가 몇 가지 **있다.**

▶ idea는 셀 수 있는 명사예요. 따라서 some 뒤에 올 때는 -s를 붙여요.

_____

342 **그의 삼촌은** 새로운 아이디어들이 **없다.**

▶ '주어 + has'의 부정은 doesn't + have예요.

_____

343 **그의 삼촌은** 새로운 희망이 좀 **있니?**

▶ 의문문에서는 some 대신 any를 써요. hope는 셀 수 없는 명사라서 앞에 a가 붙지 않아요.

_____

Words headache 두통 ｜ toothache 치통 ｜ stomachache 복통 ｜ cousin 사촌 ｜ idea 아이디어 ｜ hope 희망
uncle 삼촌 ｜ bad 심한 ｜ new 새로운

주어(S)   동사(V)   목적어(O)

I need some money.

나는 돈이 좀 필요하다.

Hints

344 **나는** 돈이 더 많이 **필요하다.**

_____

▶ money와 time은 셀 수 없는 명사이기 때문에 more(더 많은)가 앞에 오더라도 복수형으로 쓰지 않아요.

345 **우리는** 돈이 **필요하지 않아.**

_____

▶ 주어가 We이고 현재 시제의 부정이므로 don't를 써요. 그리고 부정문이기 때문에 money 앞에는 some이 아닌 any가 와요.

346 **너는** 시간이 더 많이 **필요하니?**

_____

347 **그들은** 내일 아침에 빵과 우유가 좀 **필요할 것이다.**

_____

▶ bread와 milk는 셀 수 없는 명사이기 때문에 some 뒤에 단수형으로 써요.

348 **우리는** 푸짐한 저녁식사는 **필요 없다.**

_____

▶ 식사명 앞에 big을 쓰면 '푸짐한'이란 뜻이에요. 식사명 앞에 형용사가 오면 a/an을 붙일 수 있어요.

349 **우리는** 영어 책이 몇 권 **필요했다.**

_____

▶ '책'은 셀 수 있는 명사여서 some 뒤에 복수형 books를 써요.

350 **그들은** 설탕이 약간 **필요했다.**

_____

▶ sugar는 셀 수 없는 명사라서 단수형으로만 써요.

Words time 시간 ┆ money 돈 ┆ bread 빵 ┆ milk 우유 ┆ dinner 저녁식사 ┆ sugar 설탕
some 약간의, 좀, 조금 (긍정문에서) ┆ any 약간의 (부정문, 의문문에서) ┆ English 영국의, 영어의 ┆ big 푸짐한
more 더 많은 ┆ tomorrow morning 내일 아침에

주어(S)   동사(V)   목적어(O)

She needs a friend.

그녀는 친구가 필요하다.

---

351 **그녀는** 새 친구가 **필요하다.**

_____

352 **그녀는** 학교에서 새로운 친구들이 **필요하게 될 것이다.**

_____

353 **나는** 나쁜 친구들은 **필요 없다.**

_____

354 **나는** 많은 친구들은 **필요 없다.**

_____

355 **너는** 큰 테이블이 **필요하다.**

_____

356 **너는** 둥근 테이블이 **필요할 것이다.**

_____

357 **나는** 내 방에 크고 둥근 테이블은 **필요 없다.**

_____

Words new 새로운 ㅣ bad 나쁜 ㅣ a lot of 많은 (= many) ㅣ big 큰 ㅣ round 둥근 ㅣ table 탁자
in my room 내 방에 ㅣ at school 학교에서

주어(S)　　　　　동사(V)　　　　목적어(O)

They needed a bag.

그들은 가방이 필요했다.

358　그들은 큰 가방이 **필요했다**.

_____

359　그들은 더 큰 가방이 **필요하지 않았다**.

_____

▸ '더 큰'은 -er을 붙여서 비교급으로 써 보세요. big의 비교급은 bigger(더 큰).

360　그들은 무엇이 **필요했니**?

_____

▸ 과거에 무엇이 필요했는지 물을 때는 'What did + 주어 + need ~?'로 표현해요.

361　**그녀의 이모는** 너의 도움이 **필요하다**.

_____

▸ 명사 help(도움) 앞에 소유격을 붙여서 '너의 도움'을 표현해요.

362　**그녀의 이모는** 좋은 아이디어가 하나 **필요했다**.

_____

▸ an idea에 형용사가 들어가면 'a + 형용사 + idea'의 순서로 써요.

363　너는 아이디어가(생각이) 좀 **필요하니**?

_____

▸ 의문문이나 부정문에는 some 대신 any를 써요. any 뒤에는 복수형 ideas를 써요.

364　너는 교실에서 무엇이 **필요하니**?

_____

▸ 현재 무엇이 필요한지 묻고 있으니까 What do you ~?로 시작해요.

Words bag 가방 ｜ help 도움 ｜ idea 아이디어 ｜ aunt 이모 ｜ bigger 더 큰 ｜ good 좋은 ｜ any 어떤, 어느
in the classroom 교실에서

주어(S)   동사(V)   목적어(O)

I make a mistake.

나는 실수를 한다.

365 나는 똑같은 실수를 **한다.**

▶ same은 꼭 the와 함께 써야 해요.

366 나는 똑같은 드레스를 **만들었다.**

▶ 과거의 일이므로 과거형 동사 made를 써요.

367 그의 아버지는 새 책상을 **만들었다.**

▶ '새 책상'은 a + 새로운 + 책상 순서로 표현해요.

368 그의 아버지는 그를 위해 새 책상을 **만들었니?**

▶ '~을 위해'를 말할 때는 전치사 for를 써요.

369 그의 딸은 그를 위해 저녁을 **준비할 것이다.**

▶ '저녁을 준비하다'는 make dinner예요. 식사명 앞에는 a/an을 쓰지 않아요.

370 그의 딸은 우리와 함께 저녁을 **준비했다.**

▶ '~와 함께'를 말할 때는 전치사 with를 써요.

371 그의 딸은 나와 함께 커피를 **끓였다.**

▶ '커피를 끓이다'도 make를 써서 make coffee.

Words mistake 실수 ∣ dress 드레스, 원피스 ∣ desk 책상 ∣ dinner 저녁식사 ∣ coffee 커피 ∣ father 아버지
daughter 딸 ∣ same 똑같은 ∣ for him 그를 위해 ∣ with us 우리와 함께 ∣ with me 나와 함께

주어(S)   동사(V)   목적어(O)

Her mother made a dress.

그녀의 어머니는 드레스를 만들었다.

Hints

372   **그녀의 어머니는** 단순한 드레스를 **만들었다.**

▶ '단순한 드레스'는 'a/an + 형용사 + 명사' 순서로 써요.

373   **그녀의 어머니는** 그녀를 위해 단순한 드레스를 **만들었다.**

374   **그녀의 어머니는** 그녀를 위해 돈을 **벌었다.**

▶ '돈을 벌다'는 make money예요. '돈'은 셀 수 없는 명사라 s를 붙이지 않아요.

375   **그의 아버지는** 그를 위해 돈을 **번다.**

▶ 주어가 단수이고 현재 시제 문장이니까 동사에 -s를 붙여요.

376   **그의 아버지는** 그를 위해 장난감을 **만들지 않았다.**

▶ 과거 시제이니까 주어에 상관없이 didn't를 붙여요.

377   **그의 아버지가** 똑같은 장난감을 **만들어 주실까?**

▶ 미래의 일을 물을 때는 'Will + 주어 + 동사원형 ~?'으로 써요.

378   **그의 아버지는** 무엇을 **만드셨니?**

▶ 과거에 무엇을 만들었는지 물으니까 'What did + 주어 + make ~?'로 표현해요.

Words   **mother** 어머니 ㅣ **money** 돈 ㅣ **toy** 장난감 ㅣ **simple** 단순한 ㅣ **for her** 그녀를 위해

🎧 076.mp3

주어(S)　　　　　동사(V)　　　목적어(O)

The children made a plan.

그 아이들은 계획을 세웠다.

Hints

379 그 아이들은 멋진 계획을 **세웠다.**

▶ make a plan(계획을 세우다)
에 형용사를 추가하여 쓰세요.

_____

380 그 아이들은 나와 함께 멋진 계획을 **세웠다.**

▶ '~와 함께'는 전치사 with를
써요.

_____

381 너는 그들과 여행 계획을 **세울 거니?**

_____

382 나는 새 친구를 **사귈 것이다.**

▶ make a friend
(친구를 사귀다)

_____

383 그들은 그들의 방에서 **떠들었다.**

▶ make a noise
(떠들다, 소음을 내다)

_____

384 그들은 떠들지 **않을 것이다.**

▶ 미래의 부정은 'won't + 동사
원형'을 써요.

_____

385 그들은 학교에서 말썽을 **부리지 않았다.**

▶ make trouble
(말썽을 부리다)

_____

Words **travel plans** 여행 계획 ┊ **noise** 소음, 소란 ┊ **trouble** 문제, 말썽 ┊ **nice** 멋진 ┊ **new** 새로운
with me 나와 (함께) ┊ **with them** 그들과 ┊ **in their room** 그들의 방에서 ┊ **at school** 학교에서

주어(S) 동사(V) 목적어(O)

My parents hate coffee.

나의 부모님은 커피를 싫어하신다.

386 **나의 부모님은** 진한 커피를 **싫어하신다.**

_____

387 **너의 부모님은** 진한 커피를 **싫어하시니?**

_____

388 **나의 아버지는** 치즈 케이크들을 **싫어하신다.**

_____

389 **나의 어머니는** 그 치즈 케이크를 **싫어하시지 않을 것이다.**

_____

390 **너의 어머니는** 양파를 **싫어하시니?**

_____

391 **나는** 양파를 **싫어하지 않아.**

_____

392 **너의 어머니는** 무엇을 **싫어하시니?**

_____

Words **parents** 부모 | **onion** 양파 | **coffee** 커피 | **cheese cake** 치즈 케이크 | **strong** 진한, 강한

주어(S)   동사(V)   목적어(O)

His children hate the pie.

그의 아이들은 그 파이를 싫어한다.

Hints

393 그의 아이들은 그 호두 파이를 **싫어한다.**

▶ 'the + 명사(호두) + 명사(파이)' 순서로 써요.

_____

394 그의 아이들은 그 사과 파이를 **싫어하지 않을 것이다.**

▶ 미래의 부정은 'won't + 동사원형'으로 써요.

_____

395 그녀의 딸은 똑같은 아침식사를 **싫어했다.**

▶ same(똑같은) 앞에 the를 잊지 마세요.

_____

396 그녀의 딸은 똑같은 드레스를 **싫어할 것이다.**

▶ 미래를 예측하는 문장이므로 will을 써요.

_____

397 그녀의 아들은 영어를 **싫어하지 않았다.**

▶ 과거의 부정은 'didn't + 동사원형'으로 나타내요.

_____

398 그녀의 아들은 영어 공부하기를 **싫어한다.**

▶ studying English(영어 공부하기)가 hate의 목적어로 와요.

_____

399 그는 숙제하기를 **싫어하니?**

▶ doing homework이 목적어 자리에 와요.

_____

Words **children** 아이들 ｜ **daughter** 딸 ｜ **son** 아들 ｜ **walnut** 호두 ｜ **apple** 사과 ｜ **breakfast** 아침식사
dress 드레스, 원피스 ｜ **English** 영어 ｜ **studying English** 영어 공부하기 ｜ **doing homework** 숙제하기
same 똑같은

주어(S)   동사(V)   목적어(O)

He hated my friends.

그는 나의 친구들을 싫어했다.

Hints

400 그는 나의 옛 친구들을 **싫어했다.**

▶ '나의 옛 친구들'은 '소유격 + 형용사 + 명사' 순서로 써요.

_____

401 그는 너의 새 친구들을 **싫어하니?**

▶ 주어 She/He의 현재 상황을 물을 때는 Does ~?로 시작해요.

_____

402 그는 나의 개를 **싫어할 것이다.**

_____

403 그는 너의 고양이를 **싫어하지 않을 거야.**

_____

404 그녀는 비 오는 날들을 **싫어한다.**

▶ 주어 She/He의 현재 시제는 동사에 -s를 붙여요.

_____

405 제인과 나는 추운 날씨를 **싫어한다.**

▶ 주어가 복수이므로 동사원형 hate를 써요.

_____

406 그들은 무엇을 가장 **싫어하니?**

▶ What ~?으로 시작하는 의문문이에요. '가장'을 뜻하는 부사구를 문장 맨 끝에 붙여요.

_____

Words old 오래된 ㅣ dog 개 ㅣ Jane 제인 ㅣ rainy days 비 오는 날들 ㅣ the cold weather 추운 날씨
the most 가장

주어(S) 동사(V)   목적어(O)

I do my best. 나는 최선을 다한다.

Hints
▶ always처럼 한 단어로 된 빈도부사는 동사 앞에 와요.

▶ 주어가 He/She이니까 동사 do는 does로 바꿔 써요.

▶ '숙제를 하다'는 do one's homework예요.

▶ 과거의 일의 부정이니까 didn't를 써요.

▶ '매일, 매주, 매달'은 every를 써서 every day, every week, every month로 표현해요.

▶ '~요일마다' 또한 'every + 요일'로 표현해요.

▶ 주어가 She이고 평소의 상황을 묻고 있으니까 What does ~?로 시작해요.

407 **나는** 항상 최선을 **다한다.**

_____

408 **그는** 항상 최선을 **다한다.**

_____

409 **그는** 매일 밤 숙제를 **한다.**

_____

410 **그는** 어제 숙제를 **하지 않았다.**

_____

411 **그녀는** 매일 운동을 **한다.**

_____

412 **그녀는** 일요일마다 운동을 **할 것이다.**

_____

413 **그녀는** 일요일마다 무엇을 **하니?**

_____

Words best 최선 ǀ homework 숙제 ǀ exercise 운동 ǀ always 항상 ǀ every night 매일 밤 ǀ every day 매일
every Sunday 일요일마다

주어(S)   동사(V)   목적어(O)

She does something.

그녀는 뭔가를 한다.

Hints

414 그녀는 뭔가 좋은 일을 **한다.**

_____

▶ something처럼 -thing으로 끝나는 명사는 형용사가 뒤에서 꾸며 줘요.

415 그녀는 종종 뭔가 좋은 일을 **한다.**

_____

▶ 빈도부사 often은 동사 앞에 놓여요.

416 그녀는 종종 뭔가 옳은 일을 **했다.**

_____

▶ '했다'니까 과거형 did를 써요.

417 그는 옳은 모든 것을 **했다.**

_____

▶ '모든 것'은 everything이에요. 역시 형용사가 뒤에 놓여요.

418 그는 옳은 것이라고는 아무것도 **하지 않는다.**

_____

▶ '아무것도'는 nothing으로 표현할 수 있는데 이 nothing 자체가 부정의 의미라 not을 또 쓰지 않아요.

419 그는 잘못된 건 아무것도 **하지 않았니?**

_____

▶ 과거의 일은 'Did + 주어 + 동사원형 ~?'으로 물어요.

420 그는 잘못된 건 어떠한 것도 **하지 않을 것이다.**

_____

▶ '어떠한 것도'는 anything으로 표현해요. 미래에 '~하지 않을 것이다'는 'won't + 동사원형'이에요.

Words **something** 뭔가 ┊ **nothing** 아무것 ┊ **everything** 모든 것 ┊ **anything** 어떤것 ┊ **good** 좋은
right 옳은, 올바른 ┊ **wrong** 잘못된 ┊ **often** 종종

주어(S) 동사(V) 목적어(O)

My mother did her hair.

나의 어머니는 머리 손질을 하셨다.

Hints

421 **나의 어머니는** 매일 머리 손질을 **하셨다.**

_____

▶ do one's hair (머리 손질을 하다)
시간 부사구는 문장 맨 끝에 써요.

422 **나의 어머니는** 매일 빨래를 **하신다.**

_____

▶ do the laundry
(빨래를 하다)

423 **너의 아버지는** 빨래를 **하시니?**

_____

▶ 단수 주어의 평소 행동을 물어볼 때는 'Does + 주어 + 동사원형 ~?'으로 표현해요.

424 **그의 아버지는** 가끔 설거지를 **하신다.**

_____

▶ 빈도부사 sometimes를 동사 앞에 써요.
do the dishes (설거지를 하다)

425 **그의 아버지는** 일주일에 두 번 설거지를 **하신다.**

_____

▶ once a week (일주일에 한 번)
twice a week (일주일에 두 번)

426 **그는** 절대로 설거지를 **하지 않았다.**

_____

▶ '절대 ~ 않는다'의 never는 항상 동사 앞에 놓여요.

427 **그는** 어제 무슨 일을 **했니?**

_____

▶ 과거에 무엇을 했는지 물으니까 What did ~?로 시작해요.

Words **hair** 머리 (손질) ǀ **laundry** 빨래, 세탁 ǀ **dish** 접시 ǀ **every day** 매일 ǀ **sometimes** 가끔 ǀ **never** 절대로 ~ 않다
twice a week 일주일에 두 번 ǀ **yesterday** 어제

주어(S)　　　　　　동사(V)　　　　　　목적어(O)

She enjoyed the book.

그녀는 그 책을 즐겼다.

428　그녀는 책 읽기를 **즐긴다.**

_____

429　그녀는 요리하는 것을 **즐겼다.**

_____

430　그녀는 종종 요리하는 것을 **즐긴다.**

_____

431　그녀는 샌드위치 만드는 것을 **즐겼다.**

_____

432　그는 빨래하는 것을 **즐기지 않는다.**

_____

433　그는 빨래하는 것을 전혀 **즐기지 않았다.**

_____

434　그는 무엇을 **즐기니?**

_____

Hints

▶ enjoy 뒤에 '~하는 것'이 목적어로 올 때는 동사의 -ing 형태로 써요.

▶ 빈도부사 often을 동사 앞에 써요.

▶ '점심식사로'는 'for + 점심식사'로 표현할 수 있어요.

▶ 부사구 at all(전혀)을 문장 맨 끝에 붙여요.

▶ 단수 주어이고 현재시제이므로 What does he ~?로 물어요.

Words　reading books 책 읽기　ㅣ　cooking 요리하기　ㅣ　making a sandwich 샌드위치 만들기
doing the laundry 빨래하기　ㅣ　often 종종, 자주　ㅣ　at all 전혀

084.mp3

주어(S)   동사(V)   목적어(O)
He enjoys doing the housework.

그는 집안일 하는 것을 즐긴다.

435 그는 나와 집안일 하는 것을 **즐긴다.**

_____

436 그는 쇼핑하는 것을 **즐기니?**

_____

437 그는 너와 쇼핑하는 것을 **즐겼니?**

_____

438 그녀는 수영하는 것을 **즐긴다.**

_____

439 그녀는 일주일에 세 번 수영하는 것을 **즐긴다.**

_____

440 그녀는 피아노 치는 것을 **즐기지 않는다.**

_____

441 그녀는 야구 경기 보는 것을 **즐기지 않았다.**

_____

Hints

▶ '~와 함께'는 전치사 with를 써요.

▶ He/She의 현재 습관을 물을 때는 Does ~?로 시작해요.

▶ 과거의 일은 'Did + 주어 + 동사원형 ~?'으로 물어요.

▶ time은 횟수를 나타내는 명사로 쓰이기도 해요.
three times (세 번)

▶ 주어가 She이고 현재 부정문이므로 doesn't를 써요.
'(악기)를 연주하다'는 'play the + 악기명'.

▶ 과거의 부정은 동사 앞에 didn't를 놓아요.

Words doing the housework 집안일을 하기 ┃ doing the shopping 쇼핑하기 ┃ swimming 수영하기
playing the piano 피아노 치기 ┃ watching baseball games 야구 경기 보기 ┃ with me 나와
three times a week 일주일에 세 번

🎧 085.mp3

주어(S)　　　동사(V)　　　　　목적어(O)

I enjoy something.

나는 무언가를 즐긴다.

Hints

442　**나는** 뭔가 새로운 것을 **즐길 것이다.**

▶ -thing으로 끝나는 명사는 형용사가 뒤에서 꾸며 줘요.

443　**그들은** 종종 뭔가 특별한 것을 **즐긴다.**

▶ 빈도부사 often을 동사 앞에 써요.

444　**우리는** 아무것도 하지 않는 것을 **즐긴다.**

▶ doing nothing(아무것도 하지 않는 것)이 문장의 목적어가 돼요.

445　**나는** 너의 샌드위치를 **즐겼어.** (= 너의 샌드위치가 맛있었어.)

446　**나는** 이번 여름 방학을 **즐길 것이다.**

▶ '이번 여름 방학'의 '이번'은 this를 이용해 보세요.

447　**저는** (그) 저녁식사를 **즐겼어요.** (= 저녁식사가 맛있었어요.)

▶ 식사 후에 하는 인사말이에요. 따라서 과거형으로 써요.

448　**나는** 그 책을 **즐기지 않았다.** (= 그 책이 재미있지 않았다.)

Words **something** 뭔가 ｜ **nothing** 아무것도 (~않다) ｜ **dinner** 저녁식사 ｜ **summer vacation** 여름 방학
special 특별한 ｜ **new** 새로운 ｜ **often** 종종

주어(S)   동사(V)   목적어(O)

I wear jeans.   나는 청바지를 입는다.

449   **나는** 항상 청바지를 **입는다.**

_____

450   **너는** 항상 검은 청바지를 **입니?**

_____

451   **그는** 검정색 모자는 **쓰지 않는다.**

_____

452   **그는** 알록달록한 모자를 **썼다.**

_____

453   **그 남자는** 알록달록한 양말을 **신었니?**

_____

454   **그 남자는** 절대로 알록달록한 양말을 **신지 않는다.**

_____

455   **그 남자는** 어젯밤에 무엇을 **입었니?**

_____

Words   jeans 청바지 ∣ hat 모자 ∣ socks 양말 ∣ man 남자 ∣ black 검정의 ∣ colorful 알록달록한
always 항상 ∣ never 절대로 ~않다 ∣ last night 어젯밤에

주어(S)　　　　　동사(V)　　　목적어(O)

The woman wears glasses.

그 여자는 안경을 쓴다.

456　**그 여자는** 안경을 **쓰지 않는다.**

_____

457　**그 여자는** 가끔 안경을 **쓴다.**

_____

458　**그 여자는** 내일 원피스를 **입지 않을 것이다.**

_____

459　**그 여자들은** 그 파티에서 흰색 신발을 **신었다.**

_____

460　**그 남자는** 비싼 신발을 **신었니?**

_____

461　**그 남자는** 비싼 손목시계를 **찬다.**

_____

462　**그 남자는** 매일 시계를 **차니?**

_____

Hints

▶ 단수 주어의 평소 습관은 현재 시제로 써요. 부정문이니까 doesn't를 이용해 보세요.

▶ 빈도부사 sometimes는 동사 앞에 써요.

▶ 미래의 부정은 won't를 써요. '원피스'는 셀 수 있는 명사라서 앞에 a를 써요.

▶ '안경, 신발'처럼 쌍으로 이루어진 것들은 항상 복수형으로 써요. 장소 부사구는 문장 맨 끝에 써요.

▶ '비싼 손목시계'는 expensive watch로 앞에 a가 아니라 an을 써요.

▶ 단수 주어의 현재 습관을 물을 때는 'Does + 주어 + 동사원형 ~?'으로 표현해요.

---

 woman 여자 ｜ **women** 여자들 ｜ **dress** 원피스 ｜ **glasses** 안경 ｜ **shoes** 신발 ｜ **watch** 손목시계
white 흰색의 ｜ **expensive** 비싼 ｜ **sometimes** 가끔 ｜ **every day** 매일 ｜ **at the party** 그 파티에서

주어(S)　　　동사(V)　　　목적어(O)

He wore a coat. 그는 코트를 입었다.

463 그는 어제 멋진 코트를 **입었다.**

_____

464 그는 매일 멋진 넥타이를 **맨다.**

_____

465 그는 화려한 넥타이를 **매니?**

_____

466 그는 화려한 줄무늬 넥타이를 **맬 것이다.**

_____

467 그녀는 가끔 줄무늬 재킷을 **입는다.**

_____

468 그녀는 가끔 그 빨간 유니폼을 **입었다.**

_____

469 그녀는 절대로 그 빨간 유니폼을 **입지 않을 것이다.**

_____

Hints

▶ 주어 He의 현재 상황은 동사에 -s를 붙여 표현해요.

▶ 주어 He의 현재 상황이나 습관은 Does ~?로 물어요. 형용사 fancy(화려한)를 이용해 보세요.

▶ 형용사가 여러 개 나올 때 보통 '의견 형용사(화려한) + 모양 형용사(줄무늬의)' 순서로 써요.

▶ 빈도부사 sometimes는 항상 동사 앞에 와요.

▶ 빈도부사 never는 조동사(will)와 동사 사이에 와요.

Words coat 코트 ｜ tie 넥타이 ｜ jacket 재킷, 상의 ｜ uniform 유니폼 ｜ nice 멋진 ｜ fancy 화려한
striped 줄무늬의 ｜ red 빨간 ｜ sometimes 가끔 ｜ never 절대로 ~않다

주어(S) 동사(V) 목적어(O)

I buy a cake. 나는 케이크를 산다.

Hints

470 나는 곧 케이크를 살 것이다.

_____

▶ 미래의 일이므로 동사 앞에 will을 써요.

471 나는 그녀를 위해 케이크를 하나 **샀다.**

_____

▶ '~를 위해'는 'for + 명사'예요. 또한 '샀다'니까 과거형 bought를 써요.

472 나는 그녀의 생일을 위해 뭔가를 **샀다.**

_____

473 나는 가끔 온라인에서 뭔가 **산다.**

_____

474 너는 온라인에서 무엇을 **살 거니?**

_____

▶ 미래에 무엇을 살 것인지 묻고 있으므로 What will ~?로 시작해요.

475 너는 그 가게에서 무엇을 **샀니?**

_____

▶ 과거에 무엇을 샀는지 묻는 문장이니까 What did ~?로 시작해요.

476 우리는 그 가게에서 아무것도 **사지 않았다.**

_____

▶ nothing(아무것도)에는 이미 부정의 의미가 담겨 있어서 not을 붙이지 않아요.

Words cake 케이크 ｜ something 무엇 ｜ nothing 아무것도 ｜ soon 곧 ｜ online 온라인에서
at the store 그 가게에서 ｜ for her 그녀를 위해 ｜ for her birthday present 그녀의 생일 선물로

주어(S)   동사(V)   목적어(O)

The woman buys shoes.

그 여자는 구두를 산다.

Hints

477 그 **여자는** 빨간색 구두를 **산다.**

_____

478 그 **여자는** 절대로 빨간색 구두를 **사지 않는다.**

_____

▶ '절대로 ~ 않다'의 never에 이미 부정의 뜻이 있기 때문에 not을 쓰지 않아요.

479 그 **여자는** 그 노란색 재킷을 **사지 않았다.**

_____

▶ 목적어 자리에 'the + 형용사 + 명사' 순서로 써요.

480 그 **여자는** 비싼 재킷을 **샀니?**

_____

▶ a jacket
an expensive jacket

481 그 **남자는** 비싼 것은 어느 것도 **사지 않았다.**

_____

▶ '어느 것도 ~ 않다'는 not ~ anything으로 표현해요. 이때 anything을 꾸며 주는 형용사는 뒤에 놓여요.

482 그 **남자는** 새 자전거를 **사지 않을 것이다.**

_____

▶ 미래의 부정은 'won't + 동사원형'으로 표현해요. 목적어 자리에는 'a + 형용사 + 명사' 순서로 써요.

483 그 **남자는** 내일 무엇을 **살 거니?**

_____

▶ 미래의 일을 묻는 질문이므로 What will ~?로 시작해요.

Words shoes 구두 ┃ jacket 재킷 ┃ bike 자전거 ┃ anything 어느 것도 ┃ red 빨간색의 ┃ yellow 노란색의 ┃ expensive 비싼 ┃ new 새로운, 새 것의 ┃ tomorrow 내일

주어(S)　　　동사(V)　　　　　목적어(O)

We bought some flowers.

우리는 꽃을 좀 샀다.

484　**우리는** 부모님을 위해 꽃을 좀 **샀다**.

_____

▶ '~를 위해'는 'for + 명사'로 표현해요.

485　**우리는** 그녀를 위해 강아지 한 마리를 **살 것이다**.

_____

▶ 미래에 할 일은 'will + 동사 원형'으로 나타내요.

486　**우리는** 그녀를 위해 작고 귀여운 강아지를 한 마리 **샀다**.

_____

▶ 명사(강아지) 앞에 두 가지 형용사(작은 + 귀여운)가 와요.

487　**그녀는** 멋진 모자를 하나 **샀다**.

_____

488　**그녀는** 나를 위해 이 모자를 **사지 않았다**.

_____

▶ 과거의 부정은 주어에 상관없이 'didn't + 동사원형'이에요. for 뒤에 인칭대명사를 쓸 때는 목적격 형태로 써야 해요.
나를 위해 → for me
그를 위해 → for him
그녀를 위해 → for her

489　**그는** 나를 위해 컴퓨터를 한 대 **살 것이다**.

_____

490　**너는** 그를 위해 무엇을 **살 거니**?

_____

Words　**puppy** 강아지 ｜ **hat** 모자 ｜ **computer** 컴퓨터 ｜ **tiny** 아주 작은 ｜ **cute** 귀여운 ｜ **nice** 멋진
for our parents 우리 부모님들을 위해 ｜ **for him** 그를 위해

①

Hi, Jack!

I _____ for you.

(너를 위해 케이크를 하나 만들었어.)

Happy birthday!

Jin-Ah

②

David!

I don't need _____. (나는 돈이 필요 없어.)

I _____ any other friends. (다른 친구들도 필요 없어.)

Because I have my best friend.

It's YOU!☺

Minsu

③

Tom!

Don't worry. You'll do well.

Just _____!

(그냥 네 최선을 다해!)

Mary

④

Minjoon!

I feel really sorry.

I made _____. (내가 큰 실수를 했어.)

I will _____ do it _____. (절대로 다시는 그러지 않을게.)

Ben

Words money 돈 ┊ do one's best 최선을 다하다 ┊ make a mistake 실수를 하다 ┊ never 절대로 ~ 않다

◀ Messages   **Sister Anne**   Contact

 I'm in the Lotte shopping mall.

 Why there?
❶ _____ do the shopping
every weekend? (너는 주말마다 쇼핑을 하니?)

 No, no! Tomorrow is Parents' Day.

 Right! I forgot!
❷ _____ any plans?
(무슨 계획이라도 있어?)

 ❸ I will _____ here.
(여기에서 케이크를 하나 살 거야.)

 That's good!
❹ I have _____.
(내게 좋은 생각이 있어.)
❺ I _____ some flowers and
cards. (내가 꽃이랑 카드를 만들게.)

 Sounds great! ☺
And let's sing the song!

Words do the shopping 쇼핑을 하다 ｜ idea 생각

3형식 문장 연습 · **93**

🎧 094.mp3

①

March 12th, Tuesday

I needed _____ .

I went to the mall after school.

I _____

and cookies.

Oh, no! Now I don't have _____ .

I couldn't buy any pens.

3월 12일 화요일

나는 새 펜이 몇 자루 필요했다.

나는 방과후에 쇼핑몰에 갔다.

나는 초콜릿과 쿠키를 몇 개 샀다.

오, 이런! 나는 이제 돈이 하나도 없다.

펜은 하나도 못 샀다.

②

May 8th, Thursday

It was Parents' Day today.

I _____ and

wrote the cards.

My sister _____ .

We _____ , too.

Our parents looked so happy.

We _____ .

5월 8일 목요일

오늘은 어버이날이었다.

나는 꽃을 몇 송이 만들고 카드를 썼다.

누나는 케이크를 샀다.

우리는 집안일도 했다.

우리 부모님은 아주 행복해 보였다.

우리는 푸짐한 저녁을 먹었다.

Words do the housework 집안일을 하다 | a big dinner 푸짐한 저녁

❸

March 16th, Wednesday

I _____ something green.

I _____ green.

But I _____ this time.

And I _____ green socks tomorrow.

Everyone will wear green tomorrow.

Tomorrow is St. Patrick's Day!

3월 16일 수요일

나는 항상 초록색인 것은 싫어한다.

나는 절대로 초록색 옷을 안 입는다.

하지만 이번에 나는 초록색 모자를 하나 샀다.

그리고 내일 초록색 양말을 신을 것이다.

내일은 모든 사람들이 초록색 옷을 입을 것이다.

내일은 성 패트릭의 날이다!

❹

November 20th, Sunday

I _____ for my birthday

party. I wrote invitation cards.

But I _____.

I didn't write the date of the party!!

I _____ the cards again

tomorrow.

11월 20일 일요일

나는 내 생일 파티를 위한 계획을 세웠다.

나는 초대장을 썼다.

하지만 나는 큰 실수를 했다.

파티 날짜를 안 쓴 것이다!

나는 내일 카드를 다시 만들 것이다.

Words wear green 초록색 옷을 입다 | make a plan 계획을 세우다 | invitation 초대 | date 날짜

PART
4

4형식 문장 연습

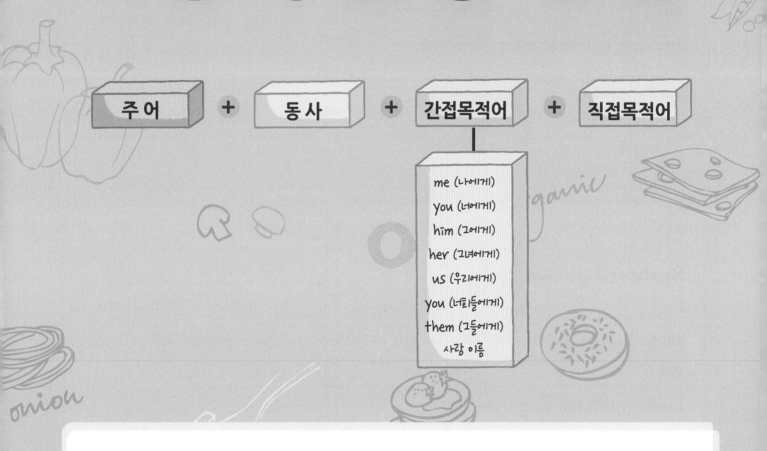

| 주어 | + | 동사 | + | 간접목적어 | + | 직접목적어 |

me (나에게)
you (너에게)
him (그에게)
her (그녀에게)
us (우리에게)
you (너희들에게)
them (그들에게)
사람 이름

* 4형식 문장은 **주어**와 **동사** 뒤에 **목적어가 두 개** 나란히 와요.

* 앞에 오는 **간접목적어**는 '누구에게'란 뜻을, 뒤에 오는 **직접목적어**는 '무엇을'을 뜻해요.

* 장소, 시간, 빈도를 나타내는 **부사구**는 문장 끝에 써요.

한눈에 보는 동사 변화

give

준다	give
	gives
줬다	_____
줄 것이다	will give

send

보낸다	send
	sends
보냈다	sent
보낼 것이다	_____

tell

말해준다	tell
	tells
말해줬다	_____
말해줄 것이다	will tell

ask

묻는다	ask
	_____
물었다	asked
물을 것이다	will ask

주어가 He/She일 때의 동사 변화를 적어 봐!

buy

사준다	buy
	buys
사줬다	bought
사줄 것이다	_____

bring

가져다 준다	bring
	brings
가져다 줬다	_____
가져다 줄 것이다	will bring

teach

가르친다	teach
	_____
가르쳤다	taught
가르칠 것이다	will teach

show

보여준다	show
	shows
보여줬다	showed
보여줄 것이다	_____

주어(S)   동사(V)   간접목적어(I.O)   직접목적어(D.O)

I give Peter a card.

나는 피터에게 카드를 한 장 준다.

491   **나는** 피터에게 크리스마스 카드를 한 장 **주었다**.

_____

492   **나는** 그에게 노란색 카드를 한 장 **주었다**.

_____

493   **나는** 그에게 그 재미있는 책들을 **주었다**.

_____

494   **너는** 그들에게 선물들을 **주었니?**

_____

495   **그들이** 너에게 선물을 **줄까?**

_____

496   **나는** 피터에게 초콜릿을 좀 **줄 것이다**.

_____

497   **너는** 발렌타인데이 때 그에게 초콜릿을 좀 **줬니?**

_____

Hints

▶ '주었다'니까 give의 과거형 gave를 써요.

▶ 간접목적어 자리에 사람이 올 때는 me, you, us, her, him, them 같은 목적격을 써야 해요.

▶ 과거의 일은 'Did + 주어 + 동사원형 ~?'으로 물어요.

▶ 미래의 일이 궁금할 때는 'Will + 주어 + 동사원형 ~?'으로! present(선물)는 셀 수 있는 명사이므로 앞에 a를 붙여요.

▶ '초콜릿'은 셀 수 없는 명사예요. 따라서 some 뒤에는 단수 형태로 써요.

▶ 특정한 날 앞에는 on을 써요. 의문문이므로 some 대신 any.

Words card 카드 ｜ present 선물 ｜ Christmas 크리스마스 ｜ chocolate 초콜릿 ｜ interesting 재미있는, 흥미로운
him 그에게 ｜ them 그들에게 ｜ you 너에게 ｜ on Valentine's Day 발렌타인 데이 때

give ❷

주어(S)　　　동사(V)　　간접목적어(I.O)　　직접목적어(D.O)

She gives me advice.

그녀는 내게 조언을 해준다.

Hints

498　**그녀는** 내게 많은 조언을 **해준다.**

▶ advice(조언)는 셀 수 없어요. 그래서 '많은'이란 말이 앞에 와도 -s를 붙이지 않아요.

499　**그녀는** 내게 약간의 조언을 **해주었다.**

▶ '약간, 어떤'의 의미로 긍정문에는 some을, 부정문이나 의문문에는 any를 써요.

500　**그녀가** 너에게 약간의 도움을 **줄 것이다.**

▶ help(도움)는 셀 수 없어요. 그래서 some(약간) 뒤에 단수형으로 써요.

501　**그녀는** 내게 어떤 도움도 **주지 않는다.**

502　**나는** 그녀에게 어떤 도움도 **주지 않을 것이다.**

▶ 미래의 부정은 'won't + 동사원형'으로 나타내요.

503　**나는** 그녀에게 그 나쁜 소식을 **전해 주지 않았다.**

▶ news(소식)는 끝에 -s가 붙지만 셀 수 없는 명사예요.

504　**나는** 그녀에게 그 좋은 소식을 **전해 주었다.**

Words　advice 조언 ｜ news 소식 ｜ help 도움 ｜ a lot of 많은 ｜ some 어떤, 약간 ｜ any 어떤, 아무런 ｜ good 좋은
bad 나쁜 ｜ me 나에게 ｜ her 그녀에게

주어(S)　　　동사(V)　　　간접목적어(I.O)　　　직접목적어(D.O)

They gave Amy a present.

그들은 에이미에게 선물을 주었다.

Hints

505 그들은 에이미에게 생일 선물을 **줬다.**

_____

506 **나는** 에이미에게 전화를 **했다.**

_____

▶ 과거의 일이므로 과거형 gave 를 써요.
give ~ a call (~에게 전화 하다)

507 **나는** 어젯밤에 그녀에게 전화하지 **않았다.**

_____

508 그 개를 목욕시켜 **주세요.**

_____

▶ 명령문은 동사원형을 문장 맨 앞 에 놓고 시작해요. 또한 please를 붙이면 공손한 표현이 돼요.
give ~ a bath (~를 목욕시키다)

509 **그들은** 매일 그들의 아기를 **목욕시킨다.**

_____

510 **우리는** 가끔 잭을 **안아준다.**

_____

▶ 빈도부사 sometimes는 동사 앞에 와요.
give ~ a hug (~를 안아주다)

511 그를 꼭 껴안아 **주세요.**

_____

▶ '세게, 크게' 껴안는다는 의미 로 형용사 big을 이용해 보세요.
→ a big hug

Words present 선물 ｜ **birthday** 생일 ｜ **call** 전화 ｜ **hug** 포옹 ｜ **bath** 목욕 ｜ **baby** 아기 ｜ Jack 잭
every day 매일 ｜ **last night** 어젯밤에 ｜ **sometimes** 가끔

주어(S)   동사(V)   간접목적어(I.O)   직접목적어(D.O)

I send Lisa an email.

나는 리사에게 이메일을 보낸다.

Hints

512   **나는** 그녀에게 이메일을 **보냈다.**

▶ '보냈다'니까 과거형 Sent를 써요.

513   **잭과 나는** 그녀에게 이메일을 **보내지 않을 것이다.**

▶ 'A와 B'는 'A and B'로 표현할 수 있어요.

514   **잭과 나는** 리사에게 생일 카드를 **보내지 않았다.**

▶ 과거 일의 부정은 'didn't + 동사원형'으로 표현해요.

515   **너는** 리사에게 비싼 카드를 **보냈니?**

▶ 명사 앞에 오는 형용사 expensive의 첫 소리가 모음으로 발음되니까 a가 아니라 an을 써요.

516   **너는** 언제 그녀에게 카드를 **보냈니?**

▶ 언제인지 '때'가 궁금할 때는 의문사 When을 문장 맨 앞에 두고 의문문을 쓰면 돼요.

517   **너는** 언제 잭에게 그 예쁜 카드를 **보낼 거니?**

▶ '언제 ~할 거니?'는 When will you ~?로 시작해요.

518   **너는** 왜 그에게 이메일을 **보냈니?**

▶ 이유가 궁금할 때는 Why를 맨 앞에 두고 의문문을 쓰세요.

Words   **email** 이메일 ┃ **card** 카드 ┃ **expensive** 비싼 ┃ **pretty** 예쁜 ┃ **when** 언제 ┃ **why** 왜

주어(S)　　　동사(V)　　간접목적어(I.O)　직접목적어(D.O)

My aunt sends me books.

나의 이모는 내게 책들을 보내 준다.

Hints

519 **나의 이모는** 내게 재미있는 책들을 **보내 준다.**

_____

▶ 형용사 interesting을 명사 앞에 써요.

520 **그녀는** 너에게 재미있는 책들을 **보내 주니?**

_____

▶ 평소의 일을 묻고 있으므로 현재 시제로 써요. 그러므로 주어가 She일 때 의문문은 Does she ~?로 시작해요.

521 **너는** 헬렌에게 유용한 책들을 **보내 줬니?**

_____

▶ 과거의 일은 'Did + 주어 + 동사원형 ~?'으로 물어요.

522 헬렌에게 선물을 몇 개 **보내 줘라.**

_____

▶ 직접목적어 자리에 'some + 복수 명사'를 써요.

523 **그녀의 아빠는** 헬렌에게 비싼 선물을 **보내지 않았다.**

_____

▶ a present
   an expensive present

524 그들에게는 그 메시지를 **전하지 마.**

_____

▶ 부정 명령문은 'Don't + 동사 원형'으로 시작해요.

525 그녀에게 이 메시지를 **전해 주세요.**

_____

▶ 공손하게 말할 때는 명령문 앞 이나 뒤에 Please를 쓰세요.

Words　**present** 선물 ｜ **message** 메시지 ｜ **interesting** 재미있는 ｜ **useful** 유용한 ｜ **expensive** 비싼
some 약간의, 몇몇의

주어(S)   동사(V)   간접목적어(I.O)   직접목적어(D.O)

Jack sent us a message.

잭이 우리에게 메시지를 보내왔다.

526 **잭이** 우리에게 문자 메시지를 하나 **보낼 것이다.**

_____

▶ 앞으로의 일이므로 will을 써요.

527 **잭이** 너희에게 문자 메시지를 **보냈니?**

_____

▶ 간접목적어 자리에 오는 '너희들'은 you.

528 왜 **그가** 너희에게 그 케이크를 **보냈니?**

_____

▶ 이유를 묻는 과거 시제 문장이며 주어가 he예요. 따라서 Why did he ~?로 물어요.

529 **너는** 언제 그에게 그 케이크를 **보낼 거니?**

_____

▶ When will you ~?로 시작해요.

530 **우리는** 그에게 그 편지를 **보내지 않을 것이다.**

_____

531 그들에게 그 편지를 **보내지 마.**

_____

▶ 'Don't + 동사원형'을 이용하여 부정 명령문으로 만들어요.

532 제게 이메일을 **보내 주세요.**

_____

▶ 주어가 생략되는 명령문 형태로 써요.

Words **text message** 문자 메시지 | **cake** 케이크 | **letter** 편지 | **email** 이메일

주어(S) 동사(V) 간접목적어(I.O) 직접목적어(D.O)

I tell her a story.

나는 그녀에게 이야기를 해준다.

Hints

533 **나는** 그녀에게 재미있는 이야기를 **해줬다.**

_____

▶ '해줬다'니까 과거형 told를 써요. 형용사 interesting의 첫 소리가 모음이기 때문에 그 앞에는 a 대신 an을 써요.

534 **나는** 그에게 재미있는 농담을 **했다.**

_____

▶ tell ~ a joke
(~에게 농담을 하다)

535 **그녀는** 가끔 내게 농담을 **한다.**

_____

▶ 현재 시제이고 주어가 She이니까 동사에 -s를 붙여요. 그리고 빈도부사 sometimes는 동사 앞에 써요.

536 **그녀는** 내게 거짓말을 **하지 않았다.**

_____

▶ tell ~ a lie
(~에게 거짓말을 하다)

537 다시는 내게 거짓말 **하지 마.**

_____

▶ 부정 명령문이니까 Don't로 시작해요.

538 **그 아이들은** 우리에게 거짓말을 **하지 않을 것이다.**

_____

539 **그 아이들은** 우리에게 수수께끼를 **냈다.**

_____

▶ tell ~ a riddle
(~에게 수수께끼를 내다)

Words **story** 이야기 ┊ **joke** 농담 ┊ **lie** 거짓말 ┊ **riddle** 수수께끼 ┊ **children** 아이들 ┊ **interesting** 재미있는
again 또, 다시 ┊ **sometimes** 가끔

주어(S)   동사(V)   간접목적어(I.O)   직접목적어(D.O)

Amy tells me her secrets.

에이미는 내게 그녀의 비밀을 말해 준다.

Hints

540   **에이미는** 내게 그녀의 비밀을 **말해 주지 않는다.**

▶ 단수 주어의 현재 부정은 'doesn't + 동사원형'이에요.

541   **에이미는** 내게 그녀의 계획을 **말해 주었다.**

542   **너는** 그녀에게 너의 계획을 **말해 주었니?**

▶ 과거의 일을 물을 때는 'Did + 주어 + 동사원형 ~?'으로 나타내요.

543   **너는** 왜 그녀에게 너의 비밀을 **말해 주었니?**

▶ 과거에 어떤 일을 한 이유가 궁금할 때는 'Why did + 주어 + 동사원형 ~?'으로 표현해요.

544   **너는** 언제 그녀에게 너의 비밀을 **말할 거니?**

▶ '언제 ~할 거니?'라고 물을 때는 When will ~?로 시작해요.

545   **그가** 그 결과를 너에게 **말해 주었니?**

546   **그가** 자주 너에게 농담을 **하니?**

▶ 빈도부사 often(자주)은 동사 앞에 와요.

Words   **secret** 비밀 ｜ **plan** 계획 ｜ **result** 결과 ｜ **often** 자주

주어(S)　　　동사(V)　간접목적어(I.O)　　직접목적어(D.O)

Helen told him everything.

헬렌은 그에게 모든 것을 말해 주었다.

547　**헬렌은** 그에게 나에 관해 모든 것을 **말해 주었다.**

_____

▶ '~에 관해'는 전치사 about 을 써요.

548　**헬렌은** 그에게 나에 관해 아무것도 **말하지 않을 것이다.**

_____

▶ nothing(아무것도)은 그 자체가 부정하는 말이라서 not을 또 쓸 필요가 없어요.

549　**헬렌은** 그들에게 그 책에 관해 아무것도 **말하지 않았다.**

_____

550　내게 그 책의 제목을 **말해 줘.**

_____

▶ 동사원형으로 시작하는 명령문이에요. of를 이용해서 '~의'를 표현해 보세요.

551　내게 그 영화의 제목을 **말해 줄래?**

_____

▶ Will you ~?를 이용해 보세요.

552　**너는** 그녀에게 그 이야기를 **말해 주었니?**

_____

▶ 과거의 일을 묻고 있으니까 'Did you + 동사원형 ~?'으로 표현해요.

553　**나는** 그에게 그 이야기를 **해주지 않을 것이다.**

_____

Words　everything 모든 것 ∣ nothing 아무것도 ∣ title 제목 ∣ story 이야기 ∣ of the movie 그 영화의
of the book 그 책의 ∣ about the book 그 책에 관해 ∣ about me 나에 관해

주어(S)　　　동사(V)　간접목적어(I.O)　　직접목적어(D.O)

They ask me everything.

그들은 내게 모든 것을 물어본다.

Hints

554 그들은 내게 많은 것들을 **물어본다.**

_____

555 그들은 내게 나의 학교 생활에 대해 많은 것들을 **물어봤다.**

_____

▶ '물어봤다'니까 과거형 asked를 쓰세요.
'~에 대해'는 전치사 about을 써요.

556 그들은 너에게 어떤것도 **묻지 않을 거야.**

_____

▶ '어떤것도' 의미로 anything을 이용해 보세요. 또한 미래의 부정이니까 won't ask를 써요.

557 나는 그에게 그의 이름을 **물어보지 않았다.**

_____

▶ 과거 일의 부정은 'didn't + 동사원형'이에요.

558 나는 그에게 그의 이름을 조용히 **물어봤다.**

_____

559 그는 나에게 그 이유를 조용히 **물어보았다.**

_____

▶ 부사 quietly를 문장 끝에 놓아요.

560 그는 왜 너에게 그 이유를 **물어보았니?**

_____

▶ 과거 일의 이유를 묻고 있으므로 Why did he ~?로 시작해요.

Words many things 많은 것들 ｜ my school life 나의 학교 생활 ｜ everything 모든것 ｜ anything 어떤것
name 이름 ｜ reason 이유 ｜ quietly 조용히, 살짝

주어(S)　　　동사(V)　간접목적어(I.O)　　직접목적어(D.O)

The teacher asks me a question.

그 선생님은 내게 질문을 하신다.

561 그 선생님은 그녀에게 매번 질문을 **하신다.**

_____

562 그 선생님은 그녀에게 몇 가지 질문을 **하셨다.**

_____

563 그가 너에게 몇 가지 질문을 좀 **했니?**

_____

564 그가 너에게 네 이름을 **물어볼 것이다.**

_____

565 그가 내게 그 노래의 제목을 **물어보았다.**

_____

566 너는 왜 그들에게 그 프로그램의 제목을 **물어봤니?**

_____

567 너는 언제 그들에게 그 질문을 **했니?**

_____

Hints

▶ 현재 시제의 문장이고 주어가 단수이므로 동사에 -s를 붙여요. 그리고 빈도 부사구는 문장 맨 끝에!

▶ '질문(question)'은 셀 수 있는 단어라서 some 뒤에 오면 -s를 붙여야 해요.

▶ 의문문에서는 '약간, 좀'의 뜻일 때 some 대신 any를 써요.

▶ 미래의 행동은 'will + 동사원형'으로 나타내요.

▶ '~의 제목'은 the title of ~로 써요.

▶ 과거에 어떤 일을 한 시기를 물을 때는 'When did + 주어 + 동사원형 ~?'으로 표현해요.

Words teacher 선생님 ｜ question 질문 ｜ name 이름 ｜ title 제목 ｜ song 노래 ｜ program 프로그램
some 약간의, 몇 개 (긍정문) ｜ any 약간의, 조금 (의문문, 부정문) ｜ every time 매번

108

🎧 109.mp3

주어(S)   동사(V)   간접목적어(I.O)   직접목적어(D.O)

The man asked me my plan.

그 남자는 내게 나의 계획을 물어보았다.

Hints

568 **그 남자는** 내게 나의 주소를 **물어보았다.**

_____

569 **그 남자는** 내게 너의 전화번호를 **물어보지 않았다.**

_____

▶ 과거 일의 부정은 didn't +
동사원형.

570 **그는** 우리에게 너의 나이를 **묻지 않았다.**

_____

571 **그는** 내게 내 카메라의 가격을 **물어보았다.**

_____

▶ the price of ~ (~의 가격)

572 너의 선생님께 질문을 **해봐.**

_____

▶ 명령문 형태로 써요.
ask ~ a question
(~에게 질문을 하다)

573 **그 여자가** 너에게 무엇을 **물어봤니?**

_____

▶ 의문사 What을 이용하세요.
What did+주어+동사원형 ~?

574 **그녀는** 내게 (내) 이름을 다시 **물어보았다.**

_____

Words **plan** 계획 ┆ **address** 주소 ┆ **age** 나이 ┆ **phone number** 전화번호 ┆ **camera** 카메라 ┆ **name** 이름
price 가격 ┆ **again** 다시

주어(S)　동사(V)　간접목적어(I.O)　직접목적어(D.O)

I buy my brother a hot dog.

나는 남동생에게 핫도그를 사 준다.

575 **나는** 지난주에 남동생에게 핫도그를 **사 줬다.**

_____

576 **네가** 나의 남동생에게 모자를 **사 줬니?**

_____

577 **나는** 내 사촌에게 아이스크림을 좀 **사 줄 것이다.**

_____

578 **나는** 다음 주에 나의 어머니에게 꽃을 좀 **사 드릴 것이다.**

_____

579 **나는** 내 여동생에게 주스를 좀 **사 줬다.**

_____

580 **나는** 내 여동생에게 초콜릿을 **사 주지 않을 것이다.**

_____

581 그 가게에서 너의 여동생에게 줄넘기를 하나 **사 줘라.**

_____

Hints

▶ '사 줬다'니까 과거형 bought를 쓰세요. 그리고 시간 표현은 문장 끝에 써요.

▶ 과거의 일을 묻고 있으므로 Did ~?로 시작하는 의문문을 써요.

▶ '아이스크림'은 셀 수 없는 말이라서 some 뒤에 올 때 -s를 붙이지 않아요.

▶ flower(꽃)은 셀 수 있는 명사예요. -s를 붙여서 some flowers.

▶ juice와 chocolate는 보통 셀 수 없는 명사로 취급해요.

▶ 부정문이니까 some 대신 any를 써요.

▶ 명령문은 주어 없이 동사원형으로 시작해요. '줄넘기'는 셀 수 있는 명사니까 앞에 a를 붙여요.

Words hot dog 핫도그 ∣ hat 모자 ∣ ice cream 아이스크림 ∣ flower 꽃 ∣ chocolate 초콜릿 ∣ jump rope 줄넘기
cousin 사촌 ∣ at the store 가게에서 ∣ next week 다음 주에 ∣ last week 지난주에

주어(S)　　　　동사(V)　간접목적어(I.O)　직접목적어(D.O)

My uncle buys me lunch.

나의 삼촌은 내게 점심을 사 주신다.

582 **나의 삼촌은** 다음 주 일요일에 내게 점심을 **사 주실 것이다.**

_____

583 **나의 삼촌은** 내게 피자를 **사 주시지 않는다.**

_____

584 **그는** 자주 너에게 피자를 **사 주니?**

_____

585 **그는** 지난주 일요일에 잭에게 후라이드 치킨을 **사 줬다.**

_____

586 **그의 엄마는** 쇼핑몰에서 잭에게 후라이드 치킨을 **사 줬다.**

_____

587 그에게 이 배낭을 **사 줘라.**

_____

588 제게 저 배낭을 **사 주세요.**

_____

Hints

▶ '다음 주 ~요일에'는 'next + 요일 명'으로 표현해요. 식사명은 셀 수 없어서 a/an을 붙이지 않아요.

▶ 단수 주어이고 현재 시제 문장이므로 'doesn't + 동사원형'을 써요.

▶ 현재의 일을 물으니까 Does ~?로 시작하는 의문문으로 써요.

▶ '지난주 ~요일에'는 'last + 요일 명'으로 표현해요. '후라이드 치킨'은 셀 수 없어서 a/an을 붙이지 않아요.

▶ 장소를 나타내는 표현에는 전치사 at을 써요. at+장소명.

Words lunch 점심 ǀ pizza 피자 ǀ fried chicken 후라이드 치킨 ǀ backpack 배낭 ǀ at the mall 쇼핑몰에서
this week 이번 주에 ǀ last Sunday 지난주 일요일에 ǀ next Sunday 다음 주 일요일에 ǀ often 자주

주어(S)　　　동사(V)　　간접목적어(I.O)　　직접목적어(D.O)

Mom bought me a computer.

엄마는 내게 컴퓨터를 사 주셨다.

Hints

589 **엄마는** 내게 컴퓨터를 **사 주지 않으셨다.**

▶ 과거 일의 부정은 'didn't + 동사원형'을 써요.

590 **너의 어머니는** 너에게 새 컴퓨터를 **사 주실 거야.**

591 그에게 이 바지를 **사 줘.**

▶ pants(바지)는 항상 복수형 으로 쓰여요. 따라서 앞에는 this가 아닌 these가 와야 해요.

592 그에게 핸드폰을 **사 주지 마라.**

▶ Don't ~로 시작하는 부정 명 령문이에요.

593 **당신은** 언제 그에게 핸드폰을 **사 줄 거예요?**

▶ 미래의 정확한 '때'가 궁금하 면 'When will + 주어 + 동사 원형 ~?'으로 물어요.

594 **누가** 그에게 저 손목시계를 **사 줄 건가요?**

▶ '누구'인지를 묻고 미래 시제이 므로 Who will ~?로 시작해요. Who 자체가 '주어'로 쓰이므로 그 뒤에 바로 동사를 써요.

595 **누가** 너에게 그 신발을 **사 줬니?**

▶ 과거의 일이니까 Who bought ~?로 시작해요.

Words computer 컴퓨터 ｜ pants 바지 ｜ cellphone 핸드폰 ｜ watch 손목시계 ｜ shoes 신발 ｜ who 누가

주어(S)　　　동사(V)　　　간접목적어(I.O)　　　직접목적어(D.O)

I will bring him some juice.

나는 그에게 주스를 좀 갖다 줄 것이다.

Hints

596 나는 그에게 주스를 **갖다 주지 않을 것이다.**

▶ 미래 부정문이므로 주스 앞에 some 대신 any를 써요.

_____

597 그가 내게 아이스크림을 좀 **갖다 주었다.**

▶ '갖다 주었다'니까 과거형 brought를 써요.

_____

598 나는 그에게 아이스크림을 좀 **갖다 주지 않을 것이다.**

_____

599 그녀가 곧 너에게 수프를 좀 **갖다 줄 것이다.**

▶ soup(수프)는 셀 수 없는 명사 이므로 some 뒤에 올 때도 -s 를 붙이지 않아요.

_____

600 우리에게 수프를 좀 **갖다 주세요.**

▶ 명령문은 주어 없이 동사원형으 로 시작해요. 앞에 please를 붙 이면 공손한 느낌이 들어요.

_____

601 지금 그들에게 샐러드를 좀 **갖다 줘라.**

_____

602 점심식사 후에 우리에게 후식을 **갖다 주지 마세요.**

▶ 부정 명령문은 'Don't + 동사 원형 ~'으로 표현해요.

_____

Words juice 주스 ｜ ice cream 아이스크림 ｜ soup 수프 ｜ salad 샐러드 ｜ dessert 후식
after lunch 점심식사 후에 ｜ now 지금 ｜ soon 곧

주어(S)　　　동사(V)　　　간접목적어(I.O)　　　직접목적어(D.O)

He brings his brother lunch.

그가 그의 남동생에게 점심을 갖다 준다.

Hints

603 **그는** 그의 남동생에게 저 배낭을 **가져다 줄 것이다.**

_____

604 **그가** 그의 여동생에게 저 신발을 **가져다 줄 거니?**

_____

▶ 미래의 일을 묻고 있으니까 Will he ~?로 시작해요. 복수 명사 shoes 앞에는 that 대신에 those를 써요.

605 **그는** 그녀에게 이 샌드위치를 **안 갖다 줬다.**

_____

▶ 과거의 부정은 'didn't + 동사원형'으로 표현해요.

606 **그녀가** 너에게 이 티셔츠를 **갖다 줬니?**

_____

607 **누가** 너에게 이 바지를 **갖다 줬니?**

_____

▶ who가 주어이므로 뒤에 동사가 바로 와요. 복수 명사 pants 앞에는 this 대신에 these를 써요.

608 **너는** 왜 그녀에게 그 티켓을 **갖다 줬니?**

_____

▶ 과거 일의 이유를 물을 때는 'Why did + 주어 + 동사원형 ~?'으로 표현해요.

609 **너는** 언제 그녀에게 그 야구모자를 **갖다 줄 거니?**

_____

▶ 미래의 정확한 시점을 물을 때는 When will ~?로 시작해요.

Words **brother** 남동생 ｜ **sister** 여동생 ｜ **lunch** 점심 ｜ **backpack** 배낭, 책가방 ｜ **shoes** 신발 ｜ **sandwich** 샌드위치
T-shirt 티셔츠 ｜ **pants** 바지 ｜ **ticket** 티켓, 표 ｜ **cap** 야구모자

주어(S)　　　　동사(V)　　　간접목적어(I.O)　　　직접목적어(D.O)

She brought me my cellphone.

그녀는 내게 내 핸드폰을 가져다 주었다.

Hints

610 **엄마는** 내게 내 핸드폰을 **가져다 주지 않았다.**

_____

▶ '엄마'는 Mom이라고만 쓰기도 해요.

611 **엄마가** 내게 내 코트를 **가져다 주실 것이다.**

_____

612 **누가** 너에게 너의 코트를 **가져다 주었니?**

_____

▶ 의문사 Who를 이용해요. Who 뒤에 바로 과거형 동사를 써요.

613 **누가** 그에게 이 우산을 **가져다 줄 거니?**

_____

▶ Who will + 동사원형 ~?

614 **그는** 매번 내게 우산을 **가져다 준다.**

_____

▶ 평소의 행동을 말하므로 현재 시제 문장으로 써요. umbrella 는 첫 소리가 모음이므로 앞에 a 대신에 an을 써요.

615 **그가** 언제 우리에게 그 컴퓨터를 **가져다 줄 거니?**

_____

▶ When will + 주어 ~? 순서로 써요.

616 **그는** 다음 주에 우리에게 새 컴퓨터를 한 대 **가져다 줄 것이다.**

_____

Words cellphone 핸드폰 ㅣ Mom 엄마 ㅣ coat 코트 ㅣ umbrella 우산 ㅣ computer 컴퓨터 ㅣ next week 다음 주에
every time 매번

주어(S)   동사(V)   간접목적어(I.O)   직접목적어(D.O)

Ms. Kim teaches students history.

김 선생님은 학생들에게 역사를 가르친다.

Hints

617 **김 선생님은** 학생들에게 한국의 역사를 **가르친다.**

▶ 형용사는 자신이 꾸며 주는 명사 앞에 놓여요.

618 **그녀는** 그들에게 한국의 역사를 **가르치지 않는다.**

▶ 주어가 She/He일 때 현재 부정은 'doesn't + 동사원형' 이에요.

619 **그녀는** 초등학교에서 학생들에게 수학을 **가르쳤다.**

▶ '가르쳤다'니까 teach의 과거 형 taught를 쓰세요. 그리고 장소 표현은 문장 맨 끝에 써요.

620 **그녀는** 아이들에게 수학을 **가르치지 않았다.**

▶ child(아이)의 복수형은 children(아이들)이에요.

621 **그녀는** 올해에 우리에게 수학을 **가르칠 것이다.**

622 **당신은** 우리에게 음악을 **가르칠 건가요?**

▶ 미래의 의지나 계획은 'Will + 주어 + 동사원형 ~?'으로 물어요.

623 **당신은** 언제 그들에게 음악을 **가르칠 건가요?**

▶ '언제'인지 시기를 물을 때는 의문사 When을 써서 When will+주어+동사원형 ~?

Words history 역사 ǀ music 음악 ǀ math 수학 ǀ students 학생들 ǀ Korean 한국의 ǀ this year 올해에
at an elementary school 초등학교에서

주어(S)   동사(V)   간접목적어(I.O)   직접목적어(D.O)

I teach the boy how to swim.

나는 그 소년에게 수영하는 법을 가르친다.

Hints

624 **나는** 그에게 수영하는 법을 **가르친다.**

▶ 'how to + 동사원형'으로 '~하는 방법'을 표현해요.

_____

625 **나는** 그녀에게 그림 그리는 법을 **가르친다.**

_____

626 나에게 그림 그리는 법을 **가르쳐 줘.**

▶ 명령문은 주어 없이 동사원형으로 시작해요.

_____

627 나에게 요리하는 법을 **가르쳐 주세요.**

▶ 공손한 느낌을 주기 위해 please를 명령문 뒤나 앞에 놓을 수 있어요. 문장 뒤에 붙일 때는 please 앞에 쉼표를 써요.

_____

628 그 소녀에게 요리하는 법을 **가르쳐 주지 마라.**

▶ 부정 명령문은 'Don't + 동사원형 ~'으로 표현해요.

_____

629 **너는** 그 소녀에게 영어 읽는 법을 **가르쳐 줬니?**

_____

630 **너는** 언제 그녀에게 영어 읽는 법을 **가르쳐 줬니?**

▶ 과거의 정확한 시점이 궁금할 때는 'When did + 주어 + 동사원형 ~?'으로 표현해요.

_____

Words **swim** 수영하다 ｜ **draw** (그림) 그리다 ｜ **cook** 요리하다 ｜ **read** 읽다 ｜ **how to read English** 영어 읽는 법

🎧 118.mp3

주어(S) 동사(V) 간접목적어(I.O) 직접목적어(D.O)

The woman taught him how to read.

그 여자는 그에게 읽는 법을 가르쳤다.

631 **그 여자는** 그에게 중국어 읽는 법을 **가르쳤다.**

632 **그 남자는** 그녀에게 중국어 쓰는 법을 **가르친다.**

633 **그 남자는** 그녀에게 중국어 말하는 법을 **가르칠 것이다.**

634 그들에게 중국어 말하는 법을 **가르쳐 줘라.**

635 **그들이** 너에게 로봇 만드는 법을 **가르쳐 줄 것이다.**

636 **너는** 언제 그들에게 로봇 만드는 법을 **가르쳐 줄 거니?**

637 **너는** 어디에서 그들에게 야구하는 법을 **가르쳐 줄 거니?**

Hints
▶ 'how to + 동사원형' 구조에서 동사원형 뒤에 목적어가 올 수 있어요.

▶ 주어가 단수 명사이고 현재 시제이니까 teaches를 써요. -ch로 끝나는 동사는 뒤에 -es를 붙여요.

▶ '~을 만드는 법'은 how to make ~로 써요.

▶ 장소를 물을 때는 Where를 의문문 맨 앞에 써요.

Words read 읽다 ┃ write 쓰다 ┃ speak 말하다 ┃ Chinese 중국어 ┃ robot 로봇
how to make a robot 로봇 만드는 법 ┃ how to play baseball 야구하는 법 ┃ where 어디에서

주어(S)   동사(V)   간접목적어(I.O)   직접목적어(D.O)

The boy showed me his cap.

그 소년은 내게 그의 야구모자를 보여주었다.

638 그 소년은 우리에게 그의 야구모자를 **보여주었다.**

_____

639 그는 어제 그들에게 그의 야구모자를 **보여주었다.**

_____

▶ 시간을 나타내는 표현은 문장 끝에 써요.

640 그는 내게 그 티켓을 **보여주지 않았다.**

_____

▶ 과거의 부정은 'didn't + 동사원형'으로 표현해요.

641 저에게 (당신의) 티켓을 **보여주세요.**

_____

▶ 문장 끝에 please를 붙여서 공손한 느낌의 명령문을 만드세요.

642 **나의 삼촌이** 우리에게 그 영화를 **보여주었다.**

_____

643 **그가** 우리에게 그 영화를 **보여줄까?**

_____

▶ 미래 시제의 의문문이므로 Will he ~로 시작해요.

644 너의 새 드레스를 그녀에게 **보여주지 마.**

_____

▶ 부정 명령문은 'Don't + 동사원형 ~'으로 표현해요.

Words cap 야구모자 | ticket 티켓 | movie 영화 | uncle 삼촌 | dress 드레스 | new 새로운 | yesterday 어제

주어(S)　　　동사(V)　　　간접목적어(I.O)　　　직접목적어(D.O)

He shows his son how to sing.

그는 그의 아들에게 노래하는 법을 보여준다.

645 **그는** 여기에서 그의 아들에게 노래하는 법을 **보여줄 것이다.**

_____

646 **그는** 여기에서 그의 아이들에게 춤추는 법을 **보여줬다.**

_____

647 **그는** 가끔 그의 아이들에게 요리하는 법을 **보여준다.**

_____

648 **그는** 그의 딸에게 요리하는 법을 **보여줬니?**

_____

649 **그는** 언제 그녀에게 요리하는 법을 **보여줬니?**

_____

650 그 아이들에게 공 차는 법을 **보여주세요.**

_____

651 그 아이들에게 공 던지는 법을 **보여주지 마세요.**

_____

Hints

▶ show 뒤에 '~하는 방법'이 오면 show는 '보여주다, 알려주다'의 뜻이에요.

▶ '보여줬다'니까 과거형 showed를 쓰세요.

▶ 평소의 습관이나 일은 현재 시제로 나타내요. 빈도부사 sometimes는 동사 앞에 놓여요.

▶ 과거 의문문이니까 Did he ~? 로 시작해요.

▶ 과거에 언제 그랬는지 물을 때는 'When did + 주어 + 동사원형 ~?'으로 나타내요.

▶ 명령문 앞에 please를 붙이면 공손한 표현이 돼요.

▶ 부정 명령문은 'Don't + 동사원형 ~'으로 표현해요.

Words **sing** 노래 부르다 ｜ **dance** 춤추다 ｜ **cook** 요리하다 ｜ **kick a ball** 공을 차다 ｜ **throw a ball** 공을 던지다
here 여기에서 ｜ **sometimes** 가끔 ｜ **son** 아들 ｜ **daughter** 딸 ｜ **children** 아이들

주어(S) 동사(V) 간접목적어(I.O) 직접목적어(D.O)

They showed him how to read English.

그들은 그에게 영어 읽는 법을 보여줬다.

Hints

652 **그들은** 그들의 아들에게 영어 읽는 법을 **보여줬다.**

_____

653 **그들은** 그들의 아들에게 영어 쓰는 법을 **보여줬니?**

_____

▶ 과거형이니까 Did they ~?
로 질문해요.

654 **에이미는** 그녀의 딸에게 그림 그리는 법을 **보여줄 것이다.**

_____

▶ 미래 시제의 문장에는 will +
동사원형.

655 **잭과 에이미는** 그들의 딸에게 영어책들을 **보여준다.**

_____

▶ 복수 주어이므로 동사는 원형을
써요. -s를 붙이지 않아요.

656 **그들은** 그들의 딸에게 영어책을 한 권 **보여줬다.**

_____

▶ English book 앞에는 a가
아닌 an이 붙어요.

657 우리에게 그 사진들을 **보여줘.**

_____

658 그들에게 제 사진을 **보여주지 마세요.**

_____

▶ 공손하게 말할 때ᄂ Please
don't ~로 시작해요.

Words **read** 읽다 ┊ **write** 쓰다 ┊ **draw** 그리다 ┊ **English** 영어 ┊ **picture** 사진 ┊ **Amy** 에이미 ┊ **Jack** 잭
parents 부모

1

Helen!

Did you _____ a lie? (너 나한테 거짓말을 한 거니?)

I got very angry yesterday.

_____ you _____ the truth now?

(이제 내게 사실을 말해 줄래?)

Max

2

Jean!

_____ you _____ the ticket?
(내게 티켓 좀 갖다 줄래?)

Then I _____ some ice cream! ☺
(그러면 너에게 아이스크림을 사 줄게.)

Leo

3

Jack!

This morning, did Peter _____ about me? (오늘 아침에, 피터가 너한테 나에 관해 물어봤니?)

Don't _____ about me, especially my secrets. (나는 대해 어떤 것도 말하지 마.)

He will tell everything he knows.

Mary

4

Tom!

_____ you _____ me a call last night?
(너 어젯밤에 왜 나한테 전화했어?)

I _____ you _____ this morning.
(오늘 아침에 너한테 이메일을 한 통 보냈어.)

Jack

Words tell ~ a lie ~에게 거짓말하다 | give ~ a call ~에게 전화하다 | send ~ an email ~에게 이메일을 보내다

Friend Helen

◀ Messages   Contact

The homework is too hard for me.
❶ _____ I _____ Ms. Lisa any advice?

(리사 선생님께 조언 좀 부탁해도 될까?)

Sure, you can. She is very kind.
❷ You can _____ a call anytime. (언제든 선생님께 전화해도 돼.)

Okay!
❸ _____ you Chinese? (그녀가 너에게 중국어를 가르쳐 주시니?)

Yes. She is really good at Chinese.
❹ _____ you Chinese?
(너는 누가 중국어를 가르쳐 주니?)

My father.
❺ He _____ Chinese at a high school.
(아빠는 고등학교에서 학생들에게 중국어를 가르치셔.)

Wow! That's good for you.

①

February 5th, Thursday

I went swimming with my friends.

My friends _____.

They _____ a lot of help.

I _____ hot dogs.

I had a great time today!

2월 5일 목요일

나는 내 친구들과 수영하러 갔다.

친구들은 내게 수영하는 법을 가르쳐 줬다.

그들은 내게 많은 도움을 줬다.

나는 그들에게 핫도그를 사 주었다.

나는 오늘 광장히 즐거웠다!

②

May 5th, Friday

It was Children's Day today.

My parents _____ me

anything this year. They _____

only a pizza for lunch.

But in the afternoon, my uncle _____

_____ a kitten.

My aunt _____.

I was so happy!

5월 5일 금요일

오늘은 어린이날이었다.

부모님은 올해 내게 아무것도 안 주셨다.

점심으로 내게 피자만 한 판 사 주셨다.

그런데 오후에 삼촌이 내게 새끼 고양이

한 마리를 갖다 주셨다.

이모는 내게 새 자전거를 한 대 보내주셨다.

나는 아주 기뻤다!

Words   how to swim 수영하는 법 | help 도움 | kitten 새끼 고양이

3

June 20th, Tuesday

Ms. Lee _____ English.

She _____ us a joke.

But she sometimes tells us _____

_____ .

She _____ some English riddles

today. They were all fun.

6월 20일 화요일

이 선생님은 우리에게 영어를 가르치신다.

선생님은 우리에게 농담을 하지 않는다.

하지만 선생님은 가끔 우리에게 재미있는

이야기를 해주신다.

오늘은 선생님이 우리에게 영어 수수께끼

몇 개를 말씀해 주셨다. 모두 재미있었다.

4

December 25th, Sunday

It's Christmas today.

My family _____ any

presents.

But my parents _____ my

room in the new house!

Now I have my room!

I _____ a big hug.

I love my family!

12월 25일 일요일

오늘은 성탄절이다.

우리 가족은 내게 선물을 하나도 사 주지 않았다.

그런데 부모님이 내게 새 집에 꾸며진 내 방을

보여주셨다!

이제 나는 내 방이 생겼다!

나는 그분들을 꼭 껴안아 드렸다.

사랑해요, 우리 가족!

Words **tell ~ a story** ~에게 이야기를 해주다 | **give ~ a hug** ~를 껴안아주다

5형식 문장 연습

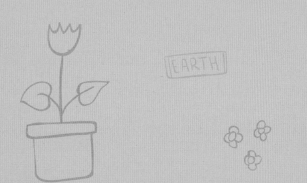

주어 **+** 동사 **+** 목적어 **+** 목적보어

동사 -ing
동사원형
to 동사원형
형용사
명사
과거분사

* **주어**와 **동사** 뒤에 **목적어**와 **목적보어**가 오는 구조를 5형식 문장이라고 해요.

* 5형식 문장은 문장 두 개가 이어진 것처럼 해석하면 쉬워요.
  (주어)**는** (동사)**를 한다** + (목적어)**가** (목적보어)**하는 것을**

* **목적보어** 자리에는 현재분사(동사 -ing), 동사원형, to 부정사(to 동사원형), 형용사, 명사, 과거분사가 올 수 있어요. 동사의 성격에 맞춰서 알맞은 형태의 목적보어를 써야 해요.

한눈에 보는 동사 변화

see

본다	see
	sees
봤다	saw
볼 것이다	_____

hear

듣는다	hear
	hears
들었다	_____
들을 것이다	will hear

watch

지켜본다	watch
	_____
지켜봤다	watched
지켜볼 것이다	will watch

> 주어가 He/She일 때의 동사 변화를 적어 봐!

want

원한다	want
	wants
원했다	_____
원할 것이다	will want

make

~하게 한다	make
	makes
~하게 했다	_____
~하게 할 것이다	will make

let

~하게 둔다	let
	_____
~하게 뒀다	let
~하게 둘 것이다	will let

have

~하게 시킨다	have
	has
~하게 시켰다	_____
~하게 시킬 것이다	will have

get

~하게 만든다	get
	gets
~하게 만들었다	got
~하게 만들 것이다	_____

oil

128.mp3

주어(S)   동사(V)   목적어(O)   목적보어(O.C)

I see a bird fly.

나는 새가 나는 것을 본다.

659 **그녀는** 새가 날고 있는 것을 **본다.**

_____

660 **그녀는** 새가 공중을 가르며 날고 있는 것을 **보았다.**

_____

661 **나는** 개 한 마리가 달리고 있는 것을 **봤다.**

_____

662 **나는** 공원에서 개 한 마리가 달리고 있는 것을 **봤다.**

_____

663 **나는** 어제 공원에서 개 한 마리가 짖고 있는 것을 **봤다.**

_____

664 **너는** 공원에서 릴리가 뛰는 것을 **보게 될 것이다.**

_____

665 **너는** 릴리가 공을 던지는 것을 **볼 수 있다.**

_____

Hints

▶ 'see + 목적어 + 목적보어'는 '~가 …하는 것을 보다'예요. 목적보어가 '~하고 있는 것을'일 때는 동사의 -ing 형태로 표현해요.

▶ '보았다'니까 과거형 saw를 써요. '공중을 가르며'를 뜻하는 부사구는 문장 끝에 써요.

▶ 장소를 나타내는 표현은 문장 끝에 써요.

▶ 미래의 짐작이나 예측은 'will + 동사원형'으로 나타내요.

▶ '~할 수 있다'라고 할 때는 'can + 동사원형'으로 표현해요.

Words **dog** 개 | **fly** 날다 (flying 날고 있는) | **run** 달리다 (running 달리고 있는) | **bark** 짖다 (barking 짖고 있는)
throw a ball 공을 던지다 | **through the air** 공중을 가르며 | **in the park** 공원에서 | **yesterday** 어제 | **Lily** 릴리

주어(S) 동사(V) 목적어(O) 목적보어(O.C)

She sees the sun move.

그녀는 해가 움직이는 것을 본다.

Hints

666 **그녀는** 해가 천천히 움직이는 것을 **봤다.**

_____

▸ 과거 시제이니까 과거형 동사 saw를 써요. 해처럼 세상에 하나뿐인 것 앞에는 the를 붙여요.

667 **나는** 해가 떠오르고 있는 것을 **봤다.**

_____

▸ 목적보어 자리에 동사의 –ing형을 써서 진행 중인 상황을 표현해 봐요.

668 **너는** 해가 동쪽에서 떠오르고 있는 것을 **볼 수 있다.**

_____

▸ '~할 수 있다'라고 할 때는 'can + 동사원형'으로 표현해요.

669 **너는** 해가 뜨는 것을 **볼 수 있니?**

_____

▸ 가능을 물을 때는 'can + 주어 + 동사원형 ~?'으로 표현해요. '뜨는 것을'이니까 목적보어 자리에 동사원형을 써요.

670 **너는** 언제 해가 뜨는 것을 **볼 수 있니?**

_____

▸ 언제 가능한지 물을 때는 When can you + 동사원형 ~? 순서로 써요.

671 **그는** 달이 지는 것을 **볼 것이다.**

_____

▸ '(해와 달이) 지다'는 동사 set으로 표현해요. '지는 것을'이니까 목적보어 자리에 동사원형을 써요.

672 **그는** 서쪽에서 달이 지고 있는 것을 **봤다.**

_____

▸ '지고 있는'이니까 –ing를 붙여서 진행형으로 써요. set의 ing형은 setting이에요.

Words sun 해 │ moon 달 │ **in the east** 동쪽에서 │ **in the west** 서쪽에서 │ **slowly** 천천히
move 움직이다 (moving 움직이고 있는) │ **rise** 뜨다 (rising 떠오르고 있는) │ **set** 지다 (setting 지고 있는)

주어(S)　　동사(V)　　　목적어(O)　　　목적보어(O.C)

I hear Emma singing.

나는 엠마가 노래하고 있는 게 들린다.

673 **나는** 엠마가 그녀의 방에서 노래하고 있는 소리가 **들린다.**

_____

674 **나는** 엠마가 소리치는 게 **들렸다.**

_____

675 **그들은** 엠마가 큰 소리로 손뼉치는 것을 **들었다.**

_____

676 **그들은** 엠마가 피아노 치는 것을 **듣게 될 것이다.**

_____

677 **너희들은** 엠마가 피아노 치고 있는 소리가 **들리니?**

_____

678 **나는** 한 아기가 울고 있는 소리가 **들린다.**

_____

679 **나는** 어젯밤에 한 소녀가 우는 소리를 **들었다.**

_____

Hints
▶ 'hear + 목적어 + 목적보어'는 '~가 …하는 것을 듣다'의 뜻이에요.

▶ 과거의 일이므로 과거형 동사 heard를 써요.

▶ 목적보어를 꾸며 주는 부사 loudly(큰 소리로)는 문장 끝에 써요.

▶ '~가 들리니?'라는 문장은 Can you ~를 이용해 물어보세요. Do ~로 묻는 문장보다 더 자연스러워요.

Words sing 노래하다 (singing 노래하고 있는) ｜ shout 소리치다 (shouting 소리치고 있는) ｜ cry 울다 (crying 울고 있는)
clap 손뼉치다 (clapping 손뼉을 치고 있는) ｜ play the piano 피아노를 치다 ｜ baby 아기 ｜ girl 소녀
loudly 큰 소리로 ｜ last night 어젯밤에 ｜ in her room 그녀의 방에서

주어(S)   동사(V)   목적어(O)   목적보어(O.C)

She hears the stream running.

그녀는 시냇물이 흐르는 소리를 듣는다.

680 **그녀는** 자주 시냇물이 흐르는 소리를 **들었다.**

_____

681 **그녀는** 물이 끓고 있는 소리를 **들었다.**

_____

682 **나는** 지금 물이 끓고 있는 소리가 **들린다.**

_____

683 **그녀는** 한 시간 전에 개가 짖는 소리를 **들었다.**

_____

684 **그녀는** 매일 밤 개가 짖는 소리를 **듣는다.**

_____

685 **너는** 매일 밤 아기가 우는 소리가 **들리니?**

_____

686 **너는** 그녀가 소리치고 있는 것을 **들었니?**

_____

Words stream 시냇물 ｜ water 물 ｜ run 흐르다 (running 흐르고 있는) ｜ boil 끓다 (boiling 끓고 있는)
bark 짖다 (barking 짖고 있는) ｜ shout 소리치다 (shouting 소리치고 있는) ｜ now 지금 ｜ often 자주
every night 매일 밤 ｜ an hour ago 한 시간 전에

주어(S)　　　동사(V)　　목적어(O)　　목적보어(O.C)

The coach watches him swim.

그 코치는 그가 수영하는 것을 지켜본다.

687　**그 코치는** 그가 수영하는 것을 **지켜보지 않는다.**

_____

688　**그 코치는** 그가 강에서 수영하는 것을 **지켜봤니?**

_____

▶ 과거의 일을 물을 때는 'Did + 주어 + 동사원형 ~?'으로 표현 해요.

689　**그는** 새 한 마리가 날고 있는 것을 **지켜봤다.**

_____

690　**그는** 많은 새들이 노래하고 있는 것을 **지켜봤다.**

_____

▶ 두 문장으로 나눠 보면 쉬워요. (그는 지켜봤다. + 많은 새들이 노래하고 있다.) many 뒤에는 명사의 복수형을 써요.

691　**그는** 토니가 공을 차는 것을 **지켜볼 것이다.**

_____

▶ 목적어 자리에 Tony를 써요.

692　**너는** 언제 토니가 공을 차는 것을 **지켜볼 거니?**

_____

▶ 언제 할지 물을 때는 'When will + 주어 + 동사원형 ~?'으 로 표현해요.

693　**그의 부모님은** 운동장에서 토니가 공을 차는 것을 **지켜봤다.**

_____

▶ 장소 표현은 문장 끝에 써요.

Words　coach 코치 ｜ bird 새 ｜ parents 부모 ｜ Tony 토니 ｜ many 많은 ｜ swim 수영하다
kick the ball 공을 차다 ｜ flying 날고 있는 ｜ singing 노래하고 있는 ｜ in the river 강에서
on the playground 운동장에서

주어(S) 동사(V) 목적어(O) 목적보어(O.C)

The musician watched me play the piano.

그 음악가는 내가 피아노 연주하는 것을 지켜봤다.

694 **그 음악가는** 내가 바이올린 연주하는 것을 **지켜봤다.**

_____

695 **그는** 에이미가 바이올린 연주하고 있는 것을 **지켜봤다.**

_____

696 **그는** 그녀가 플루트 연주하는 것을 매일 **지켜본다.**

_____

697 **그는** 네가 플루트 연주하는 것을 매일 **지켜보니?**

_____

698 **너는** 잭이 노래하고 있는 것을 **지켜봤니?**

_____

699 내가 노래 부르고 있는 것을 **지켜보지 마라.**

_____

700 그들이 수영하고 있는 것을 **지켜봐 주세요.**

_____

Hints

▶ 악기 이름 앞에는 the를 써요.

▶ '~하고 있는 것을'처럼 더 생생하게 말하고 싶을 때는 목적보어 자리에 동사의 -ing형을 써요.

▶ 현재 시제이고 주어가 He이므로 watch 뒤에 -es를 붙여요.

▶ 주어가 He일 때 현재 시제 의문문은 Does he ~?로 시작해요.

▶ 과거의 일을 물을 때는 Did you ~?

▶ 명령문은 주어 없이 동사원형으로 시작해요. 부정 명령문이므로 Don't + 동사원형 ~.

▶ 공손한 부탁은 명령문 앞이나 뒤에 please를 붙여요.

Words **musician** 음악가 ┃ **flute** 플루트 ┃ **violin** 바이올린 ┃ **Amy** 에이미 ┃ **Jack** 잭 ┃ **every day** 매일
play 연주하다 (playing 연주하고 있는) ┃ **swimming** 수영하고 있는

주어(S)　　동사(V)　　목적어(O)　　목적보어(O.C)

I want her to come.

나는 그녀가 오길 바란다.

701 **나는** 그녀가 파티에 오길 **바랐다.**

_____

702 **나는** 그녀가 그와 함께 오길 **바랐다.**

_____

703 **나는** 그녀가 그와 함께 행복하길 **바란다.**

_____

704 **그녀는** 내가 항상 행복하길 **바란다.**

_____

705 **그녀는** 무엇보다도 내가 건강하길 **바랄 것이다.**

_____

706 **그녀는** 그녀의 아들이 의사가 되기를 **바란다.**

_____

707 **그녀는** 그녀의 아들이 선생님이 되기를 **바라니?**

_____

Hints

▶ want 뒤의 목적보어 자리에는 'to + 동사원형'이 와요.

▶ '~와 함께'는 with를 써서 문장 맨 끝에 붙여요.

▶ 목적보어 자리에는 'to + 동사원형'이 와야 하므로 '행복하기를'을 나타내려면 to be happy라고 써야 해요.

▶ all the time과 같이 여러 단어로 된 부사구는 문장 끝에 써요.

▶ '무엇보다도'처럼 강조하는 말은 문장 끝에 놓여요.

▶ 목적보어는 '의사가 되기를'이므로 to be a doctor를 써요.

▶ she의 현재 상황을 물을 때는 Does she ~?로 시작해요.

Words come 오다 ǀ be ~이다 ǀ happy 행복한 ǀ healthy 건강한 ǀ all the time 항상 ǀ most of all 무엇보다도
to the party 파티에 ǀ with him 그와 함께 ǀ doctor 의사 ǀ teacher 선생님

주어(S)　　　　동사(V)　　목적어(O)　　목적보어(O.C)

The coach wants Emma to win.

그 코치는 엠마가 이기기를 원한다.

708　**그 코치는** 엠마가 그 경기를 이기기를 **원한다**.

_____

▶ 목적보어인 'to + 동사원형' 뒤에 동사원형의 목적어가 올 수 있어요. 이 문장에서는 '그 경기를 이기다'가 목적보어에 해당해요.

709　**그 코치는** 엠마가 매일 연습하기를 **원한다**.

_____

710　**그녀의 어머니는** 그녀가 열심히 연습하기를 **원했다**.

_____

▶ 목적보어를 꾸며 주는 부사 (hard)는 문장 뒤에 놓여요.

711　**그녀는** 우리가 항상 열심히 연습하기를 **원했다**.

_____

▶ '항상(all the time)'처럼 여러 단어로 빈도를 나타내는 말은 문장 뒤에 놓여요.

712　**그녀는** 네가 여기에 머물기를 **바라니**?

_____

▶ 주어 She의 현재 의문문이므로 Does she ~?로 시작해요. 목적보어는 'to + 머물다 + 여기에' 순서로 써요.

713　**그녀는** 왜 네가 여기에 머물기를 **바라니**?

_____

▶ 이유를 물을 때는 의문사 Why를 문장 맨 앞에 써요.

714　**엠마는** 네가 어디에 머물기를 **원하니**?

_____

▶ 장소가 궁금할 때는 Where를 문장 맨 앞에 두어요.

Words　**coach** 코치 ｜ **game** 경기 ｜ **win** 이기다 ｜ **practice** 연습하다 ｜ **stay** 머물다 ｜ **all the time** 항상
hard 열심히 ｜ **here** 여기에 ｜ **every day** 매일 ｜ **where** 어디에

주어(S)   동사(V)   목적어(O)   목적보어(O.C)

She asks James to sit down.

그녀는 제임스에게 앉으라고 요청한다.

Hints

715   그녀는 제임스에게 앉으라고 **요청했다.**

> ▶ 'ask + 목적어 + 목적보어'는 '~에게 …해 달라고 요청(부탁)하다'의 뜻이에요. 목적보어 자리에는 'to + 동사원형' 형태가 와요.

716   그녀는 제임스에게 조용히 있으라고 **요청했다.**

> ▶ keep 뒤에 형용사를 쓰면 '~한 상태로 있다'의 뜻이에요.

717   그녀는 제임스에게 조용히 있으라고 **부탁했니?**

> ▶ 과거 일을 물을 때는 'Did + 주어 + 동사원형 ~?'으로 표현해요.

718   그녀는 그에게 크게 말해 달라고 **부탁할 것이다.**

> ▶ 목적보어 자리는 'to + 동사원형 + 부사' 순서로 써요. (to + 말하다 + 크게)

719   그녀는 왜 그에게 조용히 말해 달라고 **부탁했니?**

> ▶ 이유를 물을 때 의문사 Why를 이용해요.

720   그녀는 그녀의 딸에게 열심히 공부하라고 **부탁한다.**

> ▶ 문장의 목적어는 '그녀의 딸에게'예요.

721   그녀는 자주 그녀의 딸에게 열심히 공부하라고 **부탁했다.**

> ▶ '자주' 같은 빈도부사는 항상 동사 앞에 와요.

Words   sit down 앉다 ┊ keep quiet 조용히 하다 ┊ speak quietly 조용히 말하다 ┊ speak loudly 크게 말하다
work hard 열심히 공부하다[일하다] ┊ often 자주 ┊ daughter 딸

주어(S)　　　　　동사(V)　목적어(O)　　　목적보어(O.C)

The baker asked me to chop onions.

그 제빵사는 내게 양파를 썰어 달라고 부탁했다.

---

722 **그 제빵사는** 가끔 내게 양파를 썰어 달라고 **부탁했다**.

_____

723 **그 제빵사는** 가끔 그에게 당근 껍질을 벗겨 달라고 **부탁한다**.

_____

724 **그 요리사는** 그의 아들에게는 당근 껍질을 벗겨 달라고 **부탁하지 않는다**.

_____

725 **그 요리사는** 그의 아들에게 물을 좀 끓이라고 **부탁했다**.

_____

726 **그 요리사는** 그녀의 딸에게 물을 좀 끓이라고 **부탁할 것이다**.

_____

727 **그는** 항상 그녀에게 장난감들을 치우라고 **부탁한다**.

_____

728 **누가** 그녀에게 장난감들을 치우라고 **부탁했니?**

_____

Hints

▶ '가끔(sometimes)'은 빈도부사로 동사 앞에 놓여요.

▶ 현재 시제이고 주어가 단수이므로 동사에 -s를 붙여요. '그에게'가 목적어이므로 him이라고 써요.

▶ 단수 주어의 현재시제 부정은 'doesn't + 동사원형'을 써요.

▶ water는 셀 수 없는 단어여서 some 뒤에 올 때 -s를 붙이지 않아요.

▶ 미래의 일이므로 will ask.

▶ always(항상)와 같은 빈도부사는 동사 앞에 써요. '그녀에게'가 목적어이므로 her라고 써요.

▶ 누가 그랬는지 Who로 물어보는데 Who가 주어이기 때문에 뒤에 바로 동사가 와요.

Words baker 제빵사 ㅣ cook 요리사 ㅣ son 아들 ㅣ chop onions 양파를 썰다 ㅣ peel carrots 당근 껍질을 벗기다
boil some water 물을 좀 끓이다 ㅣ put away the toys 장난감들을 치우다 ㅣ sometimes 가끔 ㅣ always 항상

주어(S)　　　동사(V)　　목적어(O)　　　목적보어(O.C)

She tells me to eat more.

그녀는 내게 더 먹으라고 말한다.

729　**그녀는** 자주 내게 더 먹으라고 **말한다.**

_____

730　**그녀는** 자주 내 남동생에게 쉬라고 **말한다.**

_____

731　**그녀는** 절대로 내게 쉬라고 **말하지 않는다.**

_____

732　**그녀는** 내게 그 방을 청소하라고 **말할 것이다.**

_____

733　그에게 그 방을 청소하라고 **말해라.**

_____

734　내게 그 방을 청소하라고 **하지 마.**

_____

735　**당신은** 그에게 빨래를 하라고 **말할 건가요?**

_____

Words brother 남동생 ｜ eat more 더 먹다 ｜ take a rest 쉬다 ｜ clean the room 그 방을 청소하다
do the laundry 빨래를 하다 ｜ never 절대로 ~ 않다

주어(S) 동사(V) 목적어(O) 목적보어(O.C)

He told me to turn off the gas.

그는 나에게 가스를 끄라고 말했다.

Hints

736 **그는** 그의 손자에게 가스를 끄라고 **말했다.**

▶ turn(돌리다)과 off가 만나면 '~을 끄다'라는 뜻이 만들어져요.

_____

737 **그는** 그의 손자에게 불을 켜라고 **말할 것이다.**

▶ '~을 켜다'는 turn on이에요.

_____

738 **누가** 그에게 불을 켜라고 **말할 거니?**

▶ 누가 할 것인지 물어볼 때는 'Who will + 동사원형 ~?'으로 표현해요.

_____

739 **누가** 그에게 쓰레기를 내다버리라고 **말했어?**

▶ Who는 주어에 해당하기 때문에 그 다음에 바로 동사 과거형 told가 와요.

_____

740 **네가** 그에게 쓰레기를 내다버리라고 **말했니?**

▶ 'Did you tell + 목적어 + 목적보어 ~?'의 순서로 써요.

_____

741 **나는** 그녀에게 여기로 오라고 **말할 거야.**

▶ '그녀에게'가 목적어이므로 her를 써요.

_____

742 그녀에게 여기로 오라고 **말해 줄래?** (= 그녀에게 여기로 오라고 말해 줄 수 있니?)

▶ 어떤 일이 가능한지 물을 때는 'Can + 주어 + 동사원형 ~?'으로 표현해요.

_____

 Words grandson 손자 ｜ turn off ~을 끄다 ｜ turn on the light 불을 켜다 ｜ take out the trash 쓰레기를 내다버리다
come here 여기로 오다

주어(S)　　　동사(V)　　　목적어(O)　　　목적보어(O.C)

You make me happy.

너는 나를 행복하게 만든다.

743 **너는** 나를 피곤하게 **만든다.**

_____

744 나를 슬프게 **만들지 마.**

_____

745 **누가** 너를 슬프게 **만드니?**

_____

746 그녀를 미소 짓게 **해줘.**

_____

747 **그 책은** 그녀를 **따분하게 한다.** (= 그 책 때문에 그녀는 따분하다).

_____

748 **그 책은** 너희들을 울게 **만들 것이다.**

_____

749 **무엇이** 너희들을 울게 **만들었니?**

_____

Words happy 행복한 ┊ tired 피곤한 ┊ sad 슬픈 ┊ bored 따분한 ┊ smile 미소 짓다 ┊ cry 울다 ┊ what 무엇

주어(S)   동사(V)   목적어(O)   목적보어(O.C)

The show made him a superstar.

그 쇼는 그를 슈퍼스타로 만들었다.

Hints

▶ make의 목적보어로 명사가 올 수 있어요.

750   **그 노래는** 그를 슈퍼스타로 **만들었다.**

_____

751   **그 영화는** 그를 유명하게 **만들었다.**

_____

▶ him 뒤의 목적보어는 '유명한' 이란 뜻의 형용사를 써요.

752   **그 영화는** 그녀를 웃게 **만들었다.**

_____

753   **그 뉴스는** 그들을 웃게 **만든다.**

_____

▶ 주어 The news는 단수 취급해요. 따라서 동사에 -s를 붙여요.

754   **라디오의 그 뉴스는** 그들을 화나게 **만들었다.**

_____

755   **그 뉴스가** 그를 화나게 **만들었니?**

_____

▶ 과거 일을 물을 때는 'Did + 주어 + 동사원형 ~?'으로 표현해요.

756   **무엇이** 너를 화나게 **만들었니?**

_____

▶ 의문사 What 뒤에 바로 동사가 와요.

Words   **show** 쇼 ∣ **song** 노래 ∣ **film** 영화 (= movie) ∣ **news** 뉴스 ∣ **superstar** 슈퍼스타 ∣ **famous** 유명한
angry 화가 난 ∣ **laugh** 웃다 ∣ **on the radio** 라디오에 나온

주어(S)　　　동사(V)　목적어(O)　　　목적보어(O.C)
The rain made me feel depressed.

비 때문에 나는 우울해졌다.

757 폭우 때문에 나는 **우울해졌다.**

_____

758 폭우 때문에 나는 감기에 **걸렸다.**

_____

759 폭우 때문에 나는 집에 **머무른다.**

_____

760 폭설 때문에 우리는 집에 머무르게 **될 것이다.**

_____

761 폭설 때문에 우리는 (우리의) 여행을 취소해야 **했다.**

_____

762 무엇 때문에 너는 (너의) 여행을 **취소했니?**

_____

763 강풍 때문에 그는 눈을 **감는다.**

_____

Hints
- 형용사 heavy를 rain이나 snow 앞에 쓰면 '폭우, 폭설'의 뜻이 돼요.
- make 앞에 사물 주어가 오면 '~ 때문에'라고 해석하는 것이 자연스러워요.
- 현재시제 문장으로 써요. 단수 주어이니까 -s를 붙여서 makes.
- '우리는'이라고 we를 쓰면 안 돼요. '우리는 집에 머무르다'가 '목적어 + 목적보어' 부분이므로 목적격 us를 써야 해요.
- '우리의 여행'은 our trip.
- '무엇' 때문이었는지 물을 때는 What을 주어로 쓰고 다음에 바로 동사를 놓아요.
- '강풍'은 'the + 형용사(강한) + 명사(바람)'으로 표현해요.

Words rain 비 | snow 눈 | wind 바람 | heavy 심한 | strong 강한 | feel depressed 우울해지다
catch a cold 감기에 걸리다 | stay home 집에 머물다 | cancel one's trip 여행을 취소하다
close one's eyes 눈을 감다

주어(S)　　　　　　　동사(V)　목적어(O)　　목적보어(O.C)

My parents let me sleep.

나의 부모님은 내가 잠을 자도록 두신다.

764　**나의 부모님은** 내가 늦잠을 자도록 **두신다.**

_____

765　**나의 부모님은** 일요일에 내가 늦잠을 자도록 **두지 않는다.**

_____

766　**나의 부모님은** 일요일에 내가 텔레비전을 보게 **둔다.**

_____

767　**어떤 부모님들은** 그들의 아이들이 텔레비전을 보게 **두지 않는다.**

_____

768　**그들은** 그들의 아이들이 게임을 하게 **두니?**

_____

769　그들이 게임을 하게 **둬라.**

_____

770　그들이 밤 늦게 텔레비전을 보도록 **두지 마라.**

_____

Hints

▶ 'let + 목적어 + 목적보어'는 '~가 …하게 하다(놔두다)'의 뜻이에요. make와 달리 '허락'의 의미가 있고요, 목적보어 자리에 동사원형이 쓰여요.

▶ 복수 주어이니까 동사 자리에는 don't let이 와요.

▶ '어떤, 약간(좀)'의 의미로 some을 써요.

▶ 현재시제의 의문문이니까 'Do + 주어 + 동사원형 ~?'으로 물어요.

▶ 명령문은 동사원형으로 시작해요.

▶ '~하지 마라'의 부정 명령문은 Don't ~으로 시작해요.

Words　**parents** 부모 ｜ **children** 아이들 ｜ **sleep late** 늦잠을 자다 ｜ **watch TV** 텔레비전을 보다 ｜ **play games** 게임을 하다
　　　　late at night 밤 늦게 ｜ **on Sunday** 일요일에

주어(S)　　동사(V)　　목적어(O)　　　　목적보어(O.C)

He lets me use his computer.

그는 내가 그의 컴퓨터를 사용하게 해준다.

771 그는 항상 내가 그의 컴퓨터를 사용하게 **해준다.**

772 그는 내가 그의 펜을 사용하게 **해줬다.**

773 그는 내가 그의 펜을 사용하게 **해주지 않았다.**

774 그녀는 네가 그녀의 펜을 사용하게 **해줬니?**

775 나의 **부모님은** 내가 내 친구들을 초대하게 **해줬다.**

776 그들은 내가 내 친구들을 초대하게 **해줄 것이다.**

777 그들은 이번에는 그녀가 (그녀의) 친구들을 초대하도록 **허락하지 않았다.**

Words computer 컴퓨터 | pen 펜 | parents 부모 | friend 친구 | use 사용하다 | invite 초대하다
this time 이번에 | always 항상

144

주어(S)   동사(V)   목적어(O)   목적보어(O.C)

She let Tony ask a question.

그녀는 토니가 질문을 하게 해주었다.

778 **그녀는** 토니가 몇 가지 질문을 하게 **해주었다.**

_____

▶ '몇몇의, 몇 개의'는 some이고요, 그 뒤에 -s를 붙인 복수 명사가 와요.

779 **그녀는** 토니가 어떤 질문도 하게 해주지 **않았다.**

_____

▶ 부정문이니까 any questions로 바뀌어야 해요.

780 **그녀는** 토니가 자신을 소개하게 **해주었다.**

_____

▶ 목적보어 자리에는 introduce himself가 와요. himself는 '그 자신'을 뜻해요.

781 제 소개를 **할게요.**

_____

▶ 명령문 형태로 써서 Let me ~로 시작해요.

782 **그녀는** 그가 강아지를 기르게 **해줄까?**

_____

▶ 미래에 대한 예측이니까 Will she ~?로 물어요.

783 **누가** 그들에게 강아지를 기르게 **해줬니?**

_____

▶ 의문사 who 뒤에 바로 동사가 와요. 목적어는 '그들에게'이므로 them을 써요.

784 **그녀는** 절대로 그들이 강아지를 기르게 **하지 않을 것이다.**

_____

▶ '절대로 ~하지 않을 것이다'니까 'will never + 동사원형' 순서로 써요.

question 질문 | **himself** 그 자신 | **myself** 나 자신 | **introduce** 소개하다 | **raise a puppy** 강아지를 기르다
never 절대로 ~ 않다 | **some** 몇 개의

🎧 146.mp3

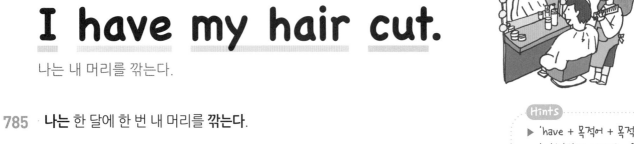

주어(S)　　　동사(V)　　　　목적어(O)　　　목적보어(O.C)

I have my hair cut.

나는 내 머리를 깎는다.

---

785 **나는** 한 달에 한 번 내 머리를 **깎는다.**

_____

786 **나는** 한 달에 한 번 세차를 **한다.**

_____

787 **나는** 그저께 세차를 **했다.**

_____

788 **그녀는** 그녀의 지갑을 도난 **당했다.**

_____

789 **그녀는** 그녀의 자전거를 그저께 도난 **당했다.**

_____

790 **그녀는** 그녀의 자전거를 도난 **당했니?**

_____

791 **그녀는** 언제 그녀의 자전거를 도난 **당했니?**

_____

Words　hair 머리카락　|　car 자동차　|　purse 지갑　|　bike 자전거　|　cut 잘린, 깎인　|　washed 씻긴　|　stolen 도난 당한
once a month 한 달에 한 번　|　the day before yesterday 그저께

주어(S)　　　　동사(V)　　　목적어(O)　　　목적보어(O.C)

The actress has her nails done.

그 여배우는 손톱 손질을 받는다.

Hints

792 **그 여배우는** 손톱 손질을 **받을 것이다.**

▶ '손톱 손질을 하다'는 동사 do를 써요. 다른 사람을 시켜서 받는 것이니까 목적보어로 과거분사 done을 써요.

---

793 **그 여배우는** 일주일에 한 번 손톱 손질을 **받는다.**

▶ once a week처럼 여러 단어로 된 빈도 표현은 문장 뒤에 놓여요.

---

794 **그 여배우는** 얼마나 자주 손톱 손질을 **받니?**

▶ 횟수가 궁금할 때는 How often ~?으로 물어요.

---

795 **그는** (그의) 다리가 **부러졌다.**

▶ 목적어는 his leg, 목적보어 자리에는 '부러진'을 뜻하는 broken을 써요. 과거의 일이므로 동사는 과거형 had를 써요.

---

796 **그는** 어제 그의 차를 수리 **받았다.**

▶ '수리하다'는 repair, '수리 받은'은 repaired예요.

---

797 **그는** 어제 그의 차를 수리 **받았니?**

▶ 과거의 일을 물으니까 Did he have ~?로 시작해요.

---

798 **그녀는** (그녀의) 재킷을 드라이클리닝 **받을 것이다.**

▶ '드라이클리닝하다'는 dry-clean, '드라이클리닝 받은'은 -ed를 붙인 dry-cleaned예요.

---

 actress 배우 ｜ **nail** 손톱 ｜ **jacket** 재킷, 상의 ｜ **leg** 다리 ｜ **broken** 부러진 ｜ **done** 손질이 된
repaired 수리된 ｜ **dry-cleaned** 드라이클리닝된 ｜ **once a week** 일주일에 한 번 ｜ **How often** 얼마나 자주

주어(S) 동사(V) 목적어(O) 목적보어(O.C)

I help my mother cook.

나는 엄마가 요리하는 것을 돕는다.

799 **우리는** 가끔 (우리) 엄마가 요리하는 것을 **돕는다.**

_____

800 **우리는** 엄마가 상 차리는 것을 **도왔다.**

_____

801 **너는** (너의) 엄마가 상 차리는 것을 **도왔니?**

_____

802 너의 언니가 집 청소하는 것을 **도와라.**

_____

803 **나는** (나의) 언니가 집 청소하는 것을 **도와주지 않았다.**

_____

804 **나는** (내) 남동생이 탁자 옮기는 것을 **도와줄 것이다.**

_____

805 **나는** 네가 탁자 옮기는 것을 **도와줄 수 있어.**

_____

Hints

▶ 'help + 목적어 + 목적보어'는 '목적어가 ~하는 걸 도와주다'의 뜻이에요. 목적보어 자리에는 주로 동사원형이 와요.

▶ '도왔다'니까 과거형 helped를 써요.

▶ 과거를 묻는 의문문이에요. Did you help ~?로 시작해요.

▶ 명령문은 주어 없이 동사원형으로 시작해요.

▶ '~이 가능하다'라고 말할 때는 'can + 동사원형'으로 표현해요.

Words cook 요리하다 ┊ set the table 상을 차리다 ┊ clean the house 집을 청소하다 ┊ move the table 탁자를 옮기다
sometimes 가끔 ┊ sister 언니 ┊ brother 남동생

주어(S)   동사(V)   목적어(O)   목적보어(O.C)

I helped him do his homework.

나는 그가 숙제하는 것을 도와줬다.

806 **나는** 한 시간 동안 그가 숙제 하는 것을 **도와줬다.**

_____

807 **나는** 네가 숙제하는 것을 **도와주지 않을 것이다.**

_____

808 **그는** 세 시간 동안 내가 숙제하는 것을 **도와줬다.**

_____

809 **너는** 내가 설거지하는 것을 **도와줄 거니?**

_____

810 **너는** 저녁 식사 후에 내가 설거지하는 것을 **도와줄 수 있니?**

_____

811 **누가** 나 문제 푸는 것을 **도와줄 수 있니?**

_____

812 **너는** 언제 내가 문제 푸는 것을 **도와줄 수 있어?**

_____

Words do one's homework 숙제를 하다 ┃ do the dishes 설거지를 하다 ┃ solve the problem 문제를 풀다
for an hour 한 시간 동안 ┃ for three hours 세 시간 동안 ┃ after dinner 저녁 식사 후에 ┃ when 언제

주어(S)　　　　　동사(V)　목적어(O)　　　　목적보어(O.C)

My father gets me to clean my room.

나의 아버지는 내가 내 방 청소를 하게 하신다.

<Hints>

▶ '동사 + 목적어 + 목적보어'는 '(설득하여) 목적어가 ~하게 만들다'의 뜻이에요. 목적보어 자리에는 'to 동사원형'을 써요.

▶ 빈도부사는 항상 동사 앞에 와요. 이 문장의 목적보어는 to move 예요.

▶ 단수 주어이고 현재시제 문장 이므로 동사에 -s를 붙여요.

▶ '절대로 ~ 안 한다'의 never 는 빈도부사라서 동사 앞에 놓여요.

▶ 미래의 의지나 계획은 'will + 동사원형'으로 표현해요.

▶ 미래의 부정은 'won't + 동사 원형'으로 표현해요.

▶ 평소의 상황이므로 현재시제로 써요.

---

813 **나의 아버지는** 내가 내 방 청소를 **하게 하셨다.**

_____

814 **나의 아버지는** 항상 내가 탁자를 옮기게 **하셨다.**

_____

815 **그의 어머니는** 항상 그가 탁자를 옮기게 **하신다.**

_____

816 **그의 어머니는** 절대로 그가 화초에 물을 주게 **하지 않는다.**

_____

817 **그녀의 어머니는** 그녀가 설거지를 **하게 할 것이다.**

_____

818 **그녀의 어머니는** 그녀가 저녁 식사 후에 설거지를 **하게 하지 않을 것이다.**

_____

819 **그녀의 어머니는** 그녀가 저녁 식사 후에 숙제를 **하게 한다.**

_____

Words　clean one's room 방 청소를 하다 ┊ water the plants 화초에 물을 주다 ┊ do the dishes 설거지를 하다
do one's homework 숙제를 하다 ┊ move the table 탁자를 옮기다 ┊ always 항상 ┊ never 절대로 ~ 않다
after dinner 저녁 식사 후에

주어(S)　　　　동사(V)　　목적어(O)　　목적보어(O.C)

His brother got his leg broken.

그의 형은 다리가 부러졌다.

Hints

820　**그의 형은** 어제 (그의) 다리가 **부러졌다**.

▶ 나쁜 일을 당하거나 남을 시킬 때 목적보어 자리에 과거분사를 쓸 수 있어요.

821　**그의 형은** 그저께 (그의) 오른팔이 **부러졌다**.

▶ 목적어는 his right arm, 목적보어는 broken(부러진).

822　**그의 형은** (그의) 자동차 검사를 **받았다**.

▶ 목적어: his car
목적보어: examined

823　**그의 형은** 매년 (그의) 자동차 검사를 **받는다**.

▶ 단수 주어이고 현재시제이므로 동사에 -s를 붙여요.

824　**그녀의 언니는** 일년에 두 번 (그녀의) 치아를 스케일링 **받았다**.

▶ 목적어는 her teeth
'스케일링 하다'→ scale
'스케일링 받은' → scaled

825　**너의 언니는** 언제 (그녀의) 치아를 스케일링 **받았니**?

▶ 언제 그랬는지 과거의 시점이 궁금할 때는 'When did + 주어 + 동사원형 ~?'으로 표현해요.

826　**너의 언니는** 얼마나 자주 (그녀의) 치아를 스케일링 **받니**?

▶ '얼마나 자주'를 물을 때는 How often ~?으로 시작해요.

Words　leg 다리 ｜ arm 팔 ｜ car 자동차 ｜ teeth 이(복수) ｜ broken 부러진 ｜ examined 검사 받은
scaled 스케일링 된 ｜ right 오른쪽의 ｜ every year 매년 ｜ twice a year 일년에 두 번

①

Ken,

Your song always _____.

(너의 노래는 늘 나를 행복하게 해.)

I want _____ for me.

(네가 나를 위해 노래를 불러 주면 좋겠어.)

Jin Ah

②

Ben,

I had _____ yesterday.

(나는 어제 다리가 부러졌어.)

Sorry but I _____

the book. (미안하지만 네가 그 책을 대출해 주면 좋겠다.)

Minho

③

Amy

I _____ last night.

(난 어젯밤에 네가 울고 있는 소리를 들었어.)

Don't be sad.

I _____ solve the problems.

(문제들을 해결하도록 널 도와줄게.)

Lily

④

Minjoon!

I _____ the drum yesterday.

(나는 어제 네가 드럼 치고 있는 것을 봤어.)

You looked really great!☺☺

Let _____ how to play the drum.

(나에게 드럼 치는 법 좀 알려줘.)

Peter

Words **have one's leg broken** 다리가 부러지다 | **check out** 대출하다 | **play the drum** 드럼을 치다

152

🎧 153.mp3

◀ Messages

Brother Andy

Contact

❶ _____ take my cap?
(누가 너에게 내 모자를 가져가라고 허락해 줬니?)

That's my favorite cap.

Oh, I'm sorry.

❷ Did it _____ you _____ ?
(그것 때문에 화났어?)

Yes!

❸ I thought I _____ my cap
_____ . (난 모자를 도둑 맞았다고 생각했어.)

Sorry.

❹ I _____ you _____ my
computer tonight.
(오늘밤에 내 컴퓨터 쓰게 해줄게.)

Okay. One more thing!

❺ Mom _____ me _____ the trash…
(엄마가 나에게 쓰레기를 버리라고 부탁하셨는데…)

❻ I _____ you _____ the trash for me.
(나 대신 네가 쓰레기를 버려 주면 좋겠어.)

What?! ☹

Words stolen 도난 당한 | take out ~을 내다버리다 (= throw out)

❶

January 1st, Tuesday

Happy New Year!

My family got up very early this morning.

We _____ .

It was so beautiful!

I _____ all my family _____

this year.

1월 1일 화요일

행복한 새해다!

우리 가족은 오늘 아침에 매우 일찍 일어났다.

우리는 해가 떠오르는 것을 보았다.

무척 아름다웠다!

나는 우리 가족 모두 올해 행복하기를 바란다.

❷

April 8th, Thursday

We _____ our teacher _____ today.

She _____ us _____ quiet.

But we made a big noise.

She _____ some boys _____ down.

But they didn't sit down.

We are really sorry...

4월 8일 목요일

우리는 오늘 우리 선생님을 화나게 했다.

선생님은 우리에게 조용히 있으라고 말씀하셨다.

그러나 우리는 크게 떠들었다.

선생님은 몇몇 남자애들에게 앉으라고

부탁하셨다. 하지만 그들은 앉지 않았다.

우리는 정말 죄송하다.

Words **keep quiet** 조용히 있다 | **sit down** 앉다

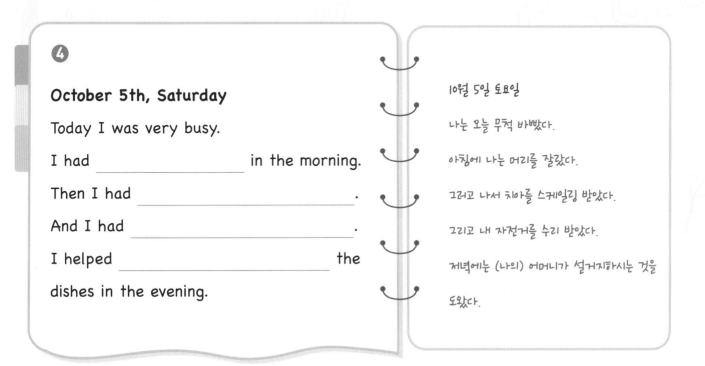

❸

June 28th, Friday

A big storm came last night.

I _____ the storm _____ .

The heavy rain _____ us _____

home all day long.

So my parents _____ TV.

It was a lot of fun.

6월 28일 금요일

어젯밤에 큰 폭풍이 왔다.

나는 폭풍이 오고 있는 것을 느꼈다.

폭우로 우리는 하루 종일 집에 머물렀다.

그래서 부모님은 내가 TV를 보게 두셨다.

아주 재밌었다.

❹

October 5th, Saturday

Today I was very busy.

I had _____ in the morning.

Then I had _____ .

And I had _____ .

I helped _____ the

dishes in the evening.

10월 5일 토요일

나는 오늘 무척 바빴다.

아침에 나는 머리를 잘랐다.

그리고 나서 치아를 스케일링 받았다.

그리고 내 자전거를 수리 받았다.

저녁에는 (나의) 어머니가 설거지하시는 것을

도왔다.

Words **watch TV** 텔레비전을 보다 | **cut** 잘린, 깎인 | **scaled** 스케일링 받은 | **repaired** 수리된
do the dishes 설거지하다

기적 영어 학습서

기본이 탄탄! 실전에서 척척!
유초등 필수 영어능력을 길러주는 코어 학습서

유아 영어

재미있는 액티비티가 가득한
4~6세를 위한 영어 워크북

4세 이상   5세 이상   6세 이상   6세 이상

파닉스 완성 프로그램

알파벳 음가 ➡ 사이트 워드
➡ 읽기 연습까지!
리딩을 위한 탄탄한 기초 만들기

6세 이상 전 3권   1~3학년   1~3학년 전 3권

영어 단어

영어 실력의 가장 큰 바탕은 어휘력!
교과과정 필수 어휘 익히기

1~3학년 전 2권   3학년 이상 전 2권

영어 리딩

패턴 문장 리딩으로 시작해
정확한 해석을 위한 끊어읽기까지!
탄탄한 독해 실력 쌓기

2~3학년 전 3권   3~4학년 전 3권   4~5학년 전 2권   5~6학년 전 2권

영어 라이팅

저학년은 패턴 영작으로,
고학년은 5형식 문장 만들기 연습으로
튼튼한 영작 실력 완성

2학년 이상 전 4권   4학년 이상 전 5권   5학년 이상 전 2권   6학년 이상

영어일기

한 줄 쓰기부터 생활일기,
주제일기까지!
영어 글쓰기 실력을 키우는 시리즈

3학년 이상   4~5학년   5~6학년

영문법

중학 영어 대비, 영어 구사
정확성을 키워주는 영문법 학습

4~5학년 전 2권   5~6학년 전 3권   6학년 이상

초등 필수 영어 무작정 따라하기

초등 시기에 놓쳐서는 안 될 필수 학습은 바로 영어 교과서!
영어 교과서 5종의 핵심 내용을 쏙쏙 뽑아 한 권으로 압축 정리했습니다.
초등 과정의 필수학습으로 기초를 다져서 중학교 및 상위 학습의 단단한 토대가 되게 합니다.

1~2학년	2~3학년	2~3학년	3학년 이상	4학년 이상

미국교과서 리딩

문제의 차이가 영어 실력의 차이! 논픽션 리딩에 강해지는 《미국교과서 READING》
논픽션 리딩에 가장 좋은 재료인 미국 교과과정의 주제를 담은 지문을 읽고, 독해력과
문제 해결력을 두루 향상시킬 수 있도록 구성한 단계별 리딩 프로그램

LEVEL 1	LEVEL 2	LEVEL 3	LEVEL 4	LEVEL 5
준비 단계	시작 단계	정독 연습 단계	독해 정확성 향상 단계	독해 통합심화 단계

영작의 바탕은 문법!
기초 문법으로 쉽게 익히는 영작 원리

영작의 바탕은 문법!
기초 문법으로 쉽게 익히는 영작 원리

초등 고학년 권장

기적의 문법 Plus 영작

1

영작의 바탕은 문법!
기초 문법으로 쉽게 익히는 영작 원리

초등 고학년 권상

기적의 문법 Plus 영작

2

주선이 지음 | 전 2권 구성 | 1권 248쪽, 2권 220쪽 | 각 15,000원

〈기적의 문법+영작〉만의 특징

1 문법 규칙은 물론, 영작에 강해지는 기초 원리를 익혀요!

2 단계별 영작 연습으로 영어 어순에 익숙해져요.

3 중학교 서술형 영작 시험에 대비할 수 있어요!

스스로 문장 만드는 힘을 키워주는 3단계 구성

개념잡기 ▸ 뼈대 문장 만들기 ▸ 뼈대 문장 살 붙이기

대상 ▶ 시험 영어에 대비해야 하는 초등 5,6학년

다운로드 서비스 제공
(www.gilbutschool.co.kr)

본문 학습 전에 미리보는 단어장

본문의 예문을 녹음한 MP3 파일

한 권 영작 연습으로 문장 규칙에 완벽해지는

기적의
영어 문장
트레이닝

주선이 지음

정답

The Answers

길벗스쿨

Part 1. 1형식 문장 연습

went / comes / ran / will walk / lives / worked
/ are / was

go❶

001 I go to school.
002 I don't go to school.
003 I went to school.
004 I went to school on foot.
005 We went to school yesterday.
006 We didn't go to the library yesterday.
007 We will go to the library tomorrow.

go❷

008 He goes to church.
009 He goes to church on Sunday.
010 He doesn't go to church on Saturday.
011 He went out.
012 She went out by car.
013 She went out by car on Friday.
014 She won't go out on Saturday.

go❸

015 They went to work.
016 They went to work on Monday.
017 They went to work by taxi on Monday.
018 Do they go to work on Sunday?
019 They don't go to work on Sunday.
020 They will go abroad.
021 Will they go abroad next week?

come❶

022 Will you come here?
023 Will you come back here?
024 Will you come back soon?
025 Will you come to my birthday party?
026 He didn't come to the library.
027 He doesn't come to the library on Wednesday.
028 He came to the library by bus on Wednesday.

come❷

029 She will come on Monday.
030 She won't come here.
031 She didn't come here on Monday.
032 He didn't come today.
033 He didn't come to school today.
034 He came here on foot today.
035 Did they come here on foot today?

come❸

036 They came together.
037 They came together yesterday.
038 Did they come together yesterday?
039 They will come late.
040 Will they come late tomorrow?
041 They will come to the zoo tomorrow.
042 Will they come to the zoo by train
     tomorrow?

run❶

043 I run every morning.
044 I run to school every morning.
045 I ran to school in the morning.
046 I ran along the river in the morning.
047 I didn't run along the river in the evening.
048 We will run together in the marathon.
049 We won't run together every evening.

run❷

050 He runs fast.
051 Does he run fast?
052 He doesn't run fast in the street.
053 He doesn't run in the hallway.
054 He didn't run in the hallway yesterday.
055 He ran in the playground yesterday.
056 Did he run alone in the playground?

run❸

057 We will run again.
058 We will run again to the bus station.
059 We ran fast to the bus station.

123 They work from nine to five every day.
124 They work in the library from nine to five.
125 They will work in the library on Sunday.
126 Will they work on the farm on Sundays?

be ① p.28

127 There is a bookstore on the street.
128 There is a big bookstore across the road.
129 Is there a mall across the road?
130 There are many books in the bookstore.
131 There are some people in the mall.
132 There aren't many shops in the mall.
133 Are there many shops along the street?

be ② p.29

134 There are three chairs in the hallway.
135 There are three chairs in the hallway on the first floor.
136 There are many shops on the first floor.
137 There are some children on the second floor.
138 There aren't any children in the pool on the second floor.
139 There isn't any water in the pool.
140 There was someone in the library on the second floor.

be ③ p.30

141 There was an exam on Monday.
142 There was an exam at eleven on Monday.
143 Was there an exam at eleven on Monday?
144 There isn't a baseball game tonight.
145 There is a baseball game on TV tonight.
146 There was a baseball game in Busan last week.
147 There will be a basketball game in Busan next week.

be ④ p.31

148 There were some bottles on the table.
149 Were there any cups on the table?
150 There are three cups in the sink.

151 There was some water in the sink.
152 There are two forks in the cup.
153 Were there any forks on the floor?
154 There was a pen on the floor.

실전연습 ① p.32

❶ you come / tomorrow
❷ will / to the library
❸ didn't / hard / worked[did] / hard
❹ There is / on the table

실전연습 ② p.33

❶ There is / on the table
❷ exam on Friday
❸ won't / to the gym
❹ Are there
❺ will go back

실전연습 ❸ p.34

❶ went to the zoo / were many people / came back home
❷ live in the country / ran along the river / will go to bed
❸ There was / came to school / There were
❹ lives alone / doesn't work on Saturday / by subway / There were many shops

Part 2. 2형식 문장 연습

한눈에 보는 동사 변화 p.37

were / seemed / will feel / looks / tasted / will smell / got / becomes

be ① p.38

155 I am very hungry.
156 I am hungry and tired.
157 I am not tired today. (= I'm not tired today.)
158 I wasn't sick.
159 You were sick yesterday.
160 Were you really sick yesterday?

161 You will be really happy.

162 He is my younger brother.
163 He is cute.
164 My younger sister is cute.
165 They were cute and smart.
166 The dog is very smart.
167 Is the dog lazy?
168 The dog isn't lazy.

169 The students were very honest.
170 They were very kind and honest.
171 They aren't kind students.
172 Are they her friends?
173 Her friends were pretty.
174 Jane's (younger) sisters are very pretty.
175 Her sisters were sad today.

176 You seem very happy.
177 Your friends seem very happy.
178 Your friends seemed tired.
179 His brothers seemed sick.
180 His dog seemed sick last night.
181 His dog didn't seem hungry last night.
182 Does your sister seem hungry?

183 She seems really busy.
184 Her friend doesn't seem busy.
185 Her best friend seemed busy after school.
186 His teacher didn't seem free after school.
187 His teacher doesn't seem free today.
188 The students seemed tired this morning.
189 Did the students seem tired this afternoon?

190 They seemed lazy yesterday.

191 They seemed very free yesterday.
192 His brothers don't seem free.
193 Do his brothers seem hungry?
194 Her dog seems hungry.
195 Her dog doesn't seem smart.
196 Does her sister seem smart?

197 I feel good all the time.
198 I don't feel good all the time.
199 I don't feel sleepy all the time.
200 The boy doesn't feel sleepy anymore.
201 The young boys didn't feel bored anymore.
202 The young girls didn't feel bored at all.
203 You won't feel bored at all.

204 The stone feels so rough.
205 The round stone feels so hard.
206 This bread feels hard.
207 This white bread doesn't feel hard at all.
208 That cloth doesn't feel soft at all.
209 Does that new cloth feel soft?
210 That brown cloth felt cold.

211 The air felt fresh this morning.
212 Did the air feel warm this morning?
213 Your hands feel warm and smooth.
214 Do these feathers feel smooth?
215 How do these feathers feel?
216 How does the new lotion feel?
217 The new lotion feels sticky.

218 You look really cold.
219 You looked really happy.
220 You looked happy after the movie.
221 Those young girls looked happy after the movie.
222 Those young girls looked upset yesterday.

Part 3. 3형식 문장 연습

will enjoy / wore / buys

have ❶ p.68

323 I have good friends.
324 I had a good book.
325 I have a lot of books.
326 Do you have a lot of good books?
327 He has a good idea.
328 We don't have time.
329 We didn't have any money yesterday.

have ❷ p.69

330 They have an English breakfast.
331 They have breakfast every day.
332 Do they have lunch at school every day?
333 They had a big lunch.
334 She will have a big dinner at a restaurant.
335 My uncle won't have dinner today.
336 What did she have for dinner?

have ❸ p.70

337 He had a bad headache.
338 Did he have a toothache?
339 He has a bad toothache.
340 He has some cousins.
341 His cousin has some ideas.
342 His uncle doesn't have new ideas.
343 Does his uncle have any new hope?

need ❶ p.71

344 I need more money.
345 We don't need any money.
346 Do you need more time?
347 They will need some bread and milk tomorrow morning.
348 We don't need a big dinner.
349 We needed some English books.
350 They needed some sugar.

need ❷ p.72

351 She needs a new friend.

352 She will need new friends at school.
353 I don't need bad friends.
354 I don't need a lot of friends.
355 You need a big table.
356 You will need a round table.
357 I don't need a big round table in my room.

need ❸ p.73

358 They needed a big bag.
359 They didn't need a bigger bag.
360 What did they need?
361 Her aunt needs your help.
362 Her aunt needed a good idea.
363 Do you need any ideas?
364 What do you need in the classroom?

make ❶ p.74

365 I make the same mistake.
366 I made the same dress.
367 His father made a new desk.
368 Did his father make a new desk for him?
369 His daughter will make dinner for him.
370 His daughter made dinner with us.
371 His daughter made coffee with me.

make ❷ p.75

372 Her mother made a simple dress.
373 Her mother made a simple dress for her.
374 Her mother made money for her.
375 His father makes money for him.
376 His father didn't make a toy for him.
377 Will his father make the same toy?
378 What did his father make?

make ❸ p.76

379 The children made a nice plan.
380 The children made a nice plan with me.
381 Will you make travel plans with them?
382 I will make a new friend.
383 They made a noise in their room.
384 They won't make a noise.

385 They didn't make trouble at school.

hate ❶ p.77

386 My parents hate strong coffee.
387 Do your parents hate strong coffee?
388 My father hates cheese cakes.
389 My mother won't hate the cheese cake.
390 Does your mother hate onions?
391 I don't hate onions.
392 What does your mother hate?

hate ❷ p.78

393 His children hate the walnut pie.
394 His children won't hate the apple pie.
395 Her daughter hated the same breakfast.
396 Her daughter will hate the same dress.
397 Her son didn't hate English.
398 Her son hates studying English.
399 Does he hate doing homework?

hate ❸ p.79

400 He hated my old friends.
401 Does he hate your new friends?
402 He will hate my dog.
403 He won't hate your cat.
404 She hates rainy days.
405 Jane and I hate the cold weather.
406 What do they hate the most?

do ❶ p.80

407 I always do my best.
408 He always does his best.
409 He does his homework every night.
410 He didn't do his homework yesterday.
411 She does exercise every day.
412 She will do exercise every Sunday.
413 What does she do every Sunday?

do ❷ p.81

414 She does something good.
415 She often does something good.

416 She often did something right.
417 He did everything right.
418 He does nothing right.
419 Did he do nothing wrong?
420 He won't do anything wrong.

do ❸ p.82

421 My mother did her hair every day.
422 My mother does the laundry every day.
423 Does your father do the laundry?
424 His father sometimes does the dishes.
425 His father does the dishes twice a week.
426 He never did the dishes.
427 What did he do yesterday?

enjoy ❶ p.83

428 She enjoys reading books.
429 She enjoyed cooking.
430 She often enjoys cooking.
431 She enjoyed making a sandwich.
432 He doesn't enjoy doing the laundry.
433 He didn't enjoy doing the laundry at all.
434 What does he enjoy?

enjoy ❷ p.84

435 He enjoys doing the housework with me.
436 Does he enjoy doing the shopping?
437 Did he enjoy doing the shopping with you?
438 She enjoys swimming.
439 She enjoys swimming three times a week.
440 She doesn't enjoy playing the piano.
441 She didn't enjoy watching baseball games.

enjoy ❸ p.85

442 I will enjoy something new.
443 They often enjoy something special.
444 We enjoy doing nothing.
445 I enjoyed your sandwich.
446 I will enjoy this summer vacation.
447 I enjoyed the dinner.
448 I didn't enjoy the book.

wear ❶   p.86

449   I always wear jeans.
450   Do you always wear black jeans?
451   He doesn't wear a black hat.
452   He wore a colorful hat.
453   Did the man wear colorful socks?
454   The man never wears colorful socks.
455   What did the man wear last night?

wear ❷   p.87

456   The woman doesn't wear glasses.
457   The woman sometimes wears glasses.
458   The woman won't wear a dress tomorrow.
459   The women wore white shoes at the party.
460   Did the man wear expensive shoes?
461   The man wears an expensive watch.
462   Does the man wear a watch every day?

wear ❸   p.88

463   He wore a nice coat yesterday.
464   He wears a nice tie every day.
465   Does he wear a fancy tie?
466   He will wear a fancy striped tie.
467   She sometimes wears a striped jacket.
468   She sometimes wore the red uniform.
469   She will never wear the red uniform.

buy ❶   p.89

470   I will buy a cake soon.
471   I bought a cake for her.
472   I bought something for her birthday.
473   I sometimes buy something online.
474   What will you buy online?
475   What did you buy at the store?
476   We bought nothing at the store.

buy ❷   p.90

477   The woman buys red shoes.
478   The woman never buys red shoes.
479   The woman didn't buy the yellow jacket.
480   Did the woman buy an expensive jacket?

481   The man didn't buy anything expensive.
482   The man won't buy a new bike.
483   What will the man buy tomorrow?

buy ❸   p.91

484   We bought some flowers for our parents.
485   We will buy a puppy for her.
486   We bought a tiny cute puppy for her.
487   She bought a nice hat.
488   She didn't buy this hat for me.
489   He will buy a computer for me.
490   What will you buy for him?

실전연습 ❶   p.92

❶ made a cake
❷ any money / don't need
❸ do your best
❹ a big mistake / never / again

실전연습 ❷   p.93

❶ Do you
❷ Do you have
❸ buy a cake
❹ a good idea
❺ will make

실전연습 ❸   p.94

❶ some new pens / bought some chocolate / any money
❷ made some flowers / bought a cake / did the housework / had a big dinner
❸ always hate / never wear / bought a green cap[hat] / will wear
❹ made a plan / made a big mistake / will make

Part 4. 4형식 문장 연습

한눈에 보는 동사 변화   p.97

gave / will send / told / asks / will buy / brought / teaches / will show

553 I won't tell him the story.

ask❶   p.107

554 They ask me many things.
555 They asked me many things about my school life.
556 They won't ask you anything.
557 I didn't ask him his name.
558 I asked him his name quietly.
559 He asked me the reason quietly.
560 Why did he ask you the reason?

ask❷   p.108

561 The teacher asks her a question every time.
562 The teacher asked her some questions.
563 Did he ask you any questions?
564 He will ask you your name.
565 He asked me the title of the song.
566 Why did you ask them the title of the program?
567 When did you ask them the question?

ask❸   p.109

568 The man asked me my address.
569 The man didn't ask me your phone number.
570 He didn't ask us your age.
571 He asked me the price of my camera.
572 Ask your teacher a question.
573 What did the woman ask you?
574 She asked me my name again.

buy❶   p.110

575 I bought my brother a hot dog last week.
576 Did you buy my brother a hat?
577 I will buy my cousin some ice cream.
578 I will buy my mother some flowers next week.
579 I bought my sister some juice.
580 I won't buy my sister any chocolate.
581 Buy your sister a jump rope at the store.

buy❷   p.111

582 My uncle will buy me lunch next Sunday.
583 My uncle doesn't buy me a pizza.
584 Does he often buy you a pizza?
585 He bought Jack fried chicken last Sunday.
586 His mother bought Jack fried chicken at the mall.
587 Buy him this backpack.
588 Please buy me that backpack.

buy❸   p.112

589 Mom didn't buy me a computer.
590 Your mother will buy you a new computer.
591 Buy him these pants.
592 Don't buy him a cellphone.
593 When will you buy him a cellphone?
594 Who will buy him that watch?
595 Who bought you the shoes?

bring❶   p.113

596 I won't bring him any juice.
597 He brought me some ice cream.
598 I won't bring him any ice cream.
599 She will bring you some soup soon.
600 Please bring us some soup.
601 Bring them some salad now.
602 Please don't bring us a dessert after lunch.

bring❷   p.114

603 He will bring his brother that backpack.
604 Will he bring his sister those shoes?
605 He didn't bring her this sandwich.
606 Did she bring you this T-shirt?
607 Who brought you these pants?
608 Why did you bring her the ticket?
609 When will you bring her the cap?

bring❸   p.115

610 Mom didn't bring me my cellphone.
611 Mom will bring me my coat.
612 Who brought you your coat?

613 Who will bring him this umbrella?

614 He brings me an umbrella every time.

615 When will he bring us the computer?

616 He will bring us a new computer next week.

teach ❶ p.116

617 Ms. Kim teaches students Korean history.

618 She doesn't teach them Korean history.

619 She taught students math at an elementary school.

620 She didn't teach children math.

621 She will teach us math this year.

622 Will you teach us music?

623 When will you teach them music?

teach ❷ p.117

624 I teach him how to swim.

625 I teach her how to draw (pictures).

626 Teach me how to draw (pictures).

627 Teach me how to cook, please.

628 Don't teach the girl how to cook.

629 Did you teach the girl how to read English?

630 When did you teach her how to read English?

teach ❸ p.118

631 The woman taught him how to read Chinese.

632 The man teaches her how to write Chinese.

633 The man will teach her how to speak Chinese.

634 Teach them how to speak Chinese.

635 They will teach you how to make a robot.

636 When will you teach them how to make a robot?

637 Where will you teach them how to play baseball?

show ❶ p.119

638 The boy showed us his cap.

639 He showed them his cap yesterday.

640 He didn't show me the ticket.

641 Show me your ticket, please.

642 My uncle showed us the movie.

643 Will he show us the movie?

644 Don't show her your new dress.

show ❷ p.120

645 He will show his son how to sing here.

646 He showed his children how to dance here.

647 He sometimes shows his children how to cook.

648 Did he show his daughter how to cook?

649 When did he show her how to cook?

650 Please show the children how to kick a ball.

651 Please don't show the children how to throw a ball.

show ❸ p.121

652 They showed their son how to read English.

653 Did they show their son how to write English?

654 Amy will show her daughter how to draw (pictures).

655 Jack and Amy show their daughter English books.

656 They showed their daughter an English book.

657 Show us the pictures.

658 Please don't show them my picture.

실전연습 ❶ p.122

❶ tell me / Will / tell me

❷ Will / bring me / will buy you

❸ ask you / tell him

❹ Why did / give / sent / an email

실전연습 ❷ p.123

❶ Can / ask

❷ give her

12

③ Does she teach
④ Who teaches
⑤ teaches students

실전연습 ③ ·············· p.124

❶ taught me how to swim / gave me /
bought them
❷ didn't give / bought me / brought me /
sent me a new bike
❸ teaches us / doesn't tell / an interesting
story / told us
❹ didn't buy me / showed me / gave them

Part 5. 5형식 문장 연습

한눈에 보는 동사 변화 ·············· p.127

will see / heard / watches / wanted / made /
let / had / will get

see ① p.128

659 She sees a bird flying.
660 She saw a bird flying through the air.
661 I saw a dog running.
662 I saw a dog running in the park.
663 I saw a dog barking in the park yesterday.
664 You will see Lily run in the park.
665 You can see Lily throw a ball.

see ② p.129

666 She saw the sun move slowly.
667 I saw the sun rising.
668 You can see the sun rising in the east.
669 Can you see the sun rise?
670 When can you see the sun rise?
671 He will see the moon set.
672 He saw the moon setting in the west.

hear ① p.130

673 I hear Emma singing in her room.
674 I heard Emma shouting[shout].

675 They heard Emma clapping[clap] loudly.
676 They will hear Emma play the piano.
677 Can you hear Emma playing the piano?
678 I hear a baby crying[cry].
679 I heard a girl cry[crying] last night.

hear ② p.131

680 She often heard the stream running.
681 She heard water boiling.
682 I hear water boiling now.
683 She heard a dog bark an hour ago.
684 She hears a dog bark every night.
685 Do you hear a baby cry every night?
686 Did you hear her shouting?

watch ① p.132

687 The coach doesn't watch him swim.
688 Did the coach watch him swim in the river?
689 He watched a bird flying.
690 He watched many[a lot of] birds singing.
691 He will watch Tony kick the ball.
692 When will you watch Tony kick the ball?
693 His parents watched Tony kick the ball on
the playground.

watch ② p.133

694 The musician watched me play the violin.
695 He watched Amy playing the violin.
696 He watches her play the flute every day.
697 Does he watch you play the flute every
day?
698 Did you watch Jack singing?
699 Don't watch me singing.
700 Please watch them swimming.

want ① p.134

701 I wanted her to come to the party.
702 I wanted her to come with him.
703 I want her to be happy with him.
704 She wants me to be happy all the time.
705 She will want me to be healthy most of
all.

706 She wants her son to be a doctor.

707 Does she want her son to be a teacher?

708 The coach wants Emma to win the game.

709 The coach wants Emma to practice every day.

710 Her mother wanted her to practice hard.

711 She wanted us to practice hard all the time.

712 Does she want you to stay here?

713 Why does she want you to stay here?

714 Where does Emma want you to stay?

715 She asked James to sit down.

716 She asked James to keep quiet.

717 Did she ask James to keep quiet?

718 She will ask him to speak loudly.

719 Why did she ask him to speak quietly?

720 She asks her daughter to work hard.

721 She often asked her daughter to work hard.

722 The baker sometimes asked me to chop onions.

723 The baker sometimes asks him to peel carrots.

724 The cook doesn't ask his son to peel carrots.

725 The cook asked his son to boil some water.

726 The cook will ask her daughter to boil some water.

727 He always asks her to put away the toys.

728 Who asked her to put away the toys?

729 She often tells me to eat more.

730 She often tells my brother to take a rest.

731 She never tells me to take a rest.

732 She will tell me to clean the room.

733 Tell him to clean the room.

734 Don't tell me to clean the room.

735 Will you tell him to do the laundry?

736 He told his grandson to turn off the gas.

737 He will tell his grandson to turn on the light.

738 Who will tell him to turn on the light?

739 Who told him to take out the trash?

740 Did you tell him to take out the trash?

741 I will tell her to come here.

742 Can you tell her to come here?

743 You make me tired.

744 Don't make me sad.

745 Who makes you sad?

746 Make her smile.

747 The book makes her bored.

748 The book will make you cry.

749 What made you cry?

750 The song made him a superstar.

751 The film made him famous.

752 The film made her laugh.

753 The news makes them laugh.

754 The news on the radio made them angry.

755 Did the news make him angry?

756 What made you angry?

757 The heavy rain made me feel depressed.

758 The heavy rain made me catch a cold.

759 The heavy rain makes me stay home.

760 The heavy snow will make us stay home.

761 The heavy snow made us cancel our trip.

762 What made you cancel your trip?

763 The strong wind makes him close his eyes.

let ❶ — p.143

764 My parents let me sleep late.
765 My parents don't let me sleep late on Sunday.
766 My parents let me watch TV on Sunday.
767 Some parents don't let their children watch TV.
768 Do they let their children play games?
769 Let them play games.
770 Don't let them watch TV late at night.

let ❷ — p.144

771 He always lets me use his computer.
772 He let me use his pen.
773 He didn't let me use his pen.
774 Did she let you use her pen?
775 My parents let me invite my friends.
776 They will let me invite my friends.
777 They didn't let her invite her friends this time.

let ❸ — p.145

778 She let Tony ask some questions.
779 She didn't let Tony ask any questions.
780 She let Tony introduce himself.
781 Let me introduce myself.
782 Will she let him raise a puppy?
783 Who let them raise a puppy?
784 She will never let them raise a puppy.

have ❶ — p.146

785 I have my hair cut once a month.
786 I have my car washed once a month.
787 I had my car washed the day before yesterday.
788 She had her purse stolen.
789 She had her bike stolen the day before yesterday.
790 Did she have her bike stolen?
791 When did she have her bike stolen?

have ❷ — p.147

792 The actress will have her nails done.
793 The actress has her nails done once a week.
794 How often does the actress have her nails done?
795 He had his leg broken.
796 He had his car repaired yesterday.
797 Did he have his car repaired yesterday?
798 She will have her jacket dry-cleaned.

help ❶ — p.148

799 We sometimes help our mother cook.
800 We helped our mother set the table.
801 Did you help your mother set the table?
802 Help your sister clean the house.
803 I didn't help my sister clean the house.
804 I will help my brother move the table.
805 I can help you move the table.

help ❷ — p.149

806 I helped him do his homework for an hour.
807 I won't help you do your homework.
808 He helped me do my homework for three hours.
809 Will you help me do the dishes?
810 Can you help me do the dishes after dinner?
811 Who can help me solve the problem?
812 When can you help me solve the problem?

get ❶ — p.150

813 My father got me to clean my room.
814 My father always got me to move the table.
815 His mother always gets him to move the table.
816 His mother never gets him to water the plants.
817 Her mother will get her to do the dishes.
818 Her mother won't get her to do the dishes

after dinner.

819 Her mother gets her to do her homework
after dinner.

get②   p.151

820 His brother got his leg broken yesterday.

821 His brother got his right arm broken the
day before yesterday.

822 His brother got his car examined.

823 His brother gets his car examined every
year.

824 Her sister got her teeth scaled twice a
year.

825 When did your sister get her teeth scaled?

826 How often does your sister get her teeth
scaled?

실전연습 ①   p.152

① makes me happy / you to sing
② my leg broken / want you to check out
③ heard you crying / will help you
④ saw you playing / me know

실전연습 ②   p.153

① Who let you
② make / angry
③ had / stolen
④ will let / use
⑤ asked / to take out
⑥ want / to take out

실전연습 ③   p.154

① saw the sun rise / want / to be happy
② made / angry / told / to keep / asked / to sit
③ felt / coming / made / stay / let me watch
④ my hair cut / my teeth scaled / my bike
repaired / my mother do

단어를 잘 엮어서 문장을 만드는 법,
그 비결은 5형식 문장 만들기 연습에 있습니다!